Eugen Falk-Breitenbach

Gott, Natur und Menschenherz

EUGEN FALK-BREITENBACH

Gott, Natur und Menschenherz

Alemannische Gedichte

mit Illustrationen des Verfassers

MORITZ SCHAUENBURG VERLAG
LAHR/SCHWARZWALD

Silberdistel-Reihe
Herausgegeben von Professor Dr. Karl Fr. Müller
Nr. 132

Das Porträt auf dem Schutzumschlag
zeichnete Oberstudienrat Hans Winter, Maler

Gesamtherstellung im Graphischen Großbetrieb
Moritz Schauenburg GmbH & Co. KG in Lahr/Schw.
ISBN Nr. 3-7946-0152 1

Meiner lieben Margarethe

Inhaltsverzeichnis

Meine Heimat

Winter – Weihnacht

Sprichwörter und Glückwünsche

Meine Freunde

Meine Heimat

Hausach im Kinzigtal mit Burg Husen

Alemannischer Spruch

Wäär am Berg mit Pflueg un Egge
Goht im herwe Fuhreschritt,
Mueß mit Schwaiß de Boode decke,
Kind un Ahne ziege mit.

Wäär doo schleecht die grääschte Schtamme
Un riist vum Bärg dief naa ins Daal,
Dem gluust 's Härz in hälle Flamme,
Wännes boldret dief ins Daal.

Wäär im Räbbärg trait de Loogel,
Gfillt mit Rääwesaft un Wii,
Will soo frei sii wiene Voogel,
Hailigs Gländ am Owerrhii!

Doch, wäär kunnt un will uns wääge,
Unser Härz un unser Sinn,
Sällbig simer nit verlääge,
D' Lieb zuer Haimet liigt doo drinn!

Un wäär kunnt un will uns bringe
Främde Bruuch ins Haimetbild,
Nur e Gwalt kann uns verdinge,
Awer schtandhaft, wännes gilt!

Es trait mi hooch mii Haimetnamme,
E Schelm, woo nit zuer Haimet schtoht,
Frei sei 's Land fir d' Alimanne,
Bis zuem letschte Oooweroot!

Alemannisches Heimatgebet

Härrgott! De muesch mr's nit veriiwle,
Wänni hit zue dääre Schtund,
Fir mii Haimet bitt un bädel,
Daß nint Bääses driiwer kunnt.

Duen in alli Härze bränne,
Daß's gluust wie Funkelschtai,
In alli Tiirepfoschte schtämme
Des Wertli »Haimet« ganz ellai.

Schwarzwald, Haimet, Huus un Boode,
Baum un Quälle, schtill un liis,
Bärg un Dääler, Huuch un Oode,
Lut un Lied un frommi Wiis.

Alles zämme due vergraawe
Dief in unsri Härze nii,
Daß die nooch uns kenne saage:
»In uns isch alles Haimet gsii.«

Erstmals vorgetragen als Vorspruch bei der alemannischen Feierstunde am 9. Oktober 1955 in Waldkirch anläßlich der I. Verleihung des Schwarzwald-Heimatpreises an A. Reinhardt und A. Schladerer durch Prinz Max zu Fürstenberg.

Meine Heimat

Isch des soo lieb, mr glaubt 's fascht nit,
De Sinn, woo in de Haimet liigt,
Mr guggt si aa un wurd ganz schtill
Un bäddet, uhni daß mr will.

Soo hani mool mii Haimet bschaut,
Un mitre gschwätzt, liis un vertraut,
Viil het si gwißt un z' sähne gäwe,
I vergiß säll nie im ganze Lääwe.

De traimsch un duesch di richtig bsinne,
Waisch dief, soo räächt vun inne drinne,
Säll kaa dr noo kai Dichter saage,
Was de duesch im Härze traage.

Wie nädd sin doo die Bäch un Quelle,
Kai Gschichtli kaa soo lieb verzelle,
Die Waide, Madde, Bärg un Fälder,
Die Buurehiisli, Dääler, Wälder.

Un soo in allem, im Klaine, Grooße,
Alti Baim un Heckeroose,
Alles frait mi, Bärg un Wald,
Wurum? Mii Haimet isches halt!

O Haimet duu! Im Sunneglanz,
Rings rum Bärg im blaue Kranz,
Un mießt i khäre zue de Blinde,
Am Huuch wot i mii Haimet finde.

Soo hät i no e bsundre Wunsch,
Herrgott! Wänn duu mr säller gunnsch,
Soo mecht i mool us Himmelslucke
Uf mii liewer Schwarzwald gugge.

I saag dr Dank fir jeedi Schtund,
Fir d' Haimet us mim Härzegrund.
Duu liewer Schwarzwald, mii Lieb, mii Rueh,
O Herrgott, giwau Sorg dezue!

Vorgetragen zum »Hansjakobtag« 11. September 1949 in Haslach i. K.
Dem Heimat- und Trachtenfreund des Schwarzwaldes A. Reinhardt, Mühlenbach, freundlich zugedacht.

Sonnenaufgang im Schwarzwald

Fiischter isch's, no funkle d' Schtärnli
Dousedwiis am Himmelszält,
Un am Muu si Silwerhärnli
Schimmret hooch im Schtärnefäld.

Es goht de Luft soo quellekiehl
Dief im Wald un schtundewit.
Un 's iwerkunnt mi soo e Gfiehl,
Als gieng i jetz durch Johr un Zit.

Es schtiigt e Huuch us Daal un Boode,
Im Zwiigli duet de Buechfink schlaage,
's schiint iweraal e Gottesoode,
Wännes isch vor Dau un Daage.

Zmool doo doost's an Bärg un Halde,
's geischt un ruuschet uhni Rueh.
I duen mit Aadacht d' Händ noo falte:
»Wäär deckt mi doo mit Daue zue?«

Hailig wurdes umi heer,
Blaich vergluust de Schtärneschii,
's Graas un 's Laub vum Daue schwäär,
Es goht de Huuch in alles ii.

E Singe waaiht liis iwers Daal,
Un Danne schitlet's rum un num,
Un i rief bim erschte Schtrahl:
»D' Sunne!« sunsch isch alles schtumm.

Soo kneiwi doo im Morgeoode,
Zue de hailge Daageswiih,
Schtreck e Handvoll Haimetboode
Zuem Himmel nuf im Sunneschii.

»Hailig isch de Daag bim Daue,
Kunnt de Sunne erschte Schtrahl,
Un duu derfsch dii Haimet bschaue,
Wänn Gott wiiht Bärg, Wald un Daal!«

Meine Muttersprache

Mii Muederschprooch isch wiene Brunne,
Si schpruulet usem diefe Grund,
Un alles Liebs isch nii verschpunne,
Daß's aim haimlig iiwerkunnt.

Si moodlet sich im Härze drinn
Un isch sich sälwer un uns aige,
De häärsch drus rus de uurigscht Sinn,
Un in dr schwinge alli Saite.

Mii Haimetschprooch wurd nie verschtumme,
Ihr Lut kunnt usme fromme Gmiet,
Un unser Bluet, säll isch de Brunne,
Mii Muederschprooch isch's Haimetlied!

Da bin ich daheim

Woo Buurehiisli schtehn mit Schtrau
Deckt, mit Moos un Schindlen au,
Woo d' Bächli ruusche de Kinzig zue,
Un juchzge duet de Hirtebue,
Woo Zapfe hängge an de Baim,
Derd khär i naa, derd bin i dehaim!

Woo 's Miihliräädli klappre duet,
Ufm Hoof no huust alt's Buurebluet,
Woo virnehm no de Buureschtolz
Uf Wald un Fäld un Danneholz,
Woo mr »Grieß Gott!« no saage duet,
Derd bin i dehaim derd gfallt's mr guet!

Woo 's Mannsvolk trait e runde Huet,
E Bruschttuech het, woo schtoht 'm guet,
Un d' Biiri no ihr Tracht duet traage,
Am Wäärdig un an Sunnedaage,
Woo gsunge wurd in Haimetwiis,
Derd will i bliiwe, mii Paradiis.

Un mießt i mool woo anderscht sii,
Noo fählt mr jeede Sunneschii,
Woo 's kaini Bärg het un kai Daal,
Fir mi derd z' lääwe isch e Quaal,
Doo lauf i, was i laufe kaa,
Mim Schwarzwald zue, derd khär i naa!

Meinem Freund und Gönner Dipl.-Volkswirt Karl Lehmann, Heilbronn, zugedacht.

Heimattreuer Wanderer

Goht dii Wääg durch Wald un Fäld,
Soo laufsch uf diinem Haimetboode,
E traimig, goldig Bluemeland.
Derd, woo de Oode goht durch d' Sohle
Ins Härz nii un dii Sääl ufschnuuft,
Un sälwer gohsch au nie verloore,
Fiehrt di de Wääg au ganz ellai,
Soo bisch verbunde mit de Haimet,
Mit ihr nu ains, wie gwachsner Schtai.

Derd, woo de Baum vum Wind verzauset,
Mit wenig Näscht de Himmel bschaut,
Im Windschpiil sini Lieder singt,
Diir haimli alles avertraut,
Doo packt's di fescht säll Haimetwunder,
Verkläre duet's dii Sinn un Wääse,
Un 's bohrt sich dief un diefer nii,
Wäär's glaibig suecht, wurd grooß un schtark,
Als mießt 'r Baum un Wurzle sii.

Frei isch mii Härz im Liecht dehaim,
Im diefe Wald, woo 's miislischtill.
Kennsch nit die Schprooch? Häärsch nit de Lut,
Was si dr sait un zaige will?
Doo winkt dr alles fraidig zue,
Woo d' Lieb dehaim un 's Härz nie krank.
Wäär des nit waißt un au nit kennt,
Isch lääwig doot, un sällem fählt de Sinn,
Un bliibt de Haimet eewig fremd.

Es druckt mi dief, es lupft mi hooch,
Wie wänn i als verwandlet wäär,
Doch fliichtig isch's, lien mr die Traim,
Bal isch's mr liicht, bal isch's mr schwäär,
I bschau dii Bild un häär dii Schtimm
Als haimetdreier Wanderer,
Un bliib halt soo, soo wieni bin,
Un wur au nie en anderer.

Dem Freund des Schwarzwaldes und Erforscher der badischen Volkskunde, Ministerialrat i. R. Professor Dr. Eugen Fehrle, Heidelberg, zugedacht

Goldiges Land

Wänn im Maie d' Halde blieije,
Un 's Gold an jeedem Zwiigli hängt,
Doo het de Herrgott nint vergässe,
Wiener doch an alles dänkt.

Isch emool e Halde schtainig,
Woo kai Kärnli räächt kaa kiime,
Doo loßt de Herrgott Hecke wachse
Mit Bliemli draa, die heißt mr Pfriime.

Alli Johr sin ufem Schwarzwald,
Woo kaini Bisch un Ähre wooge,
Zwische Schmelegraas un Schtai
D' Halde goldig iwerzooge.

Goldig isch mii Haimetboode,
O wie nädd im Sunneschii!
Un het emool mii Schtindli gschlaage,
Mecht i derd vergraawe sii.

Schwarzwaldbächlein

O Bächli, saag, was laufsch denn soo,
Was hesch duu au z' brässiere?
Mr maint, de wit hit no ans Oort
Un mechtsch kai Zit verliere.

Dii Lauf goht iwer Schtock un Schtai,
Durch Madde, Bärg un Fälder,
Gunnsch dr kai Rueh, laufsch guetig zue
Durch Dääler un durch Wälder.

Manch Biirli het si Fraid an diir,
De helfsch 'm zue sim Broot,
Wänn d's Miihliräädli triiwe kaasch,
No isch bi uns kai Not.

Un soo viil Bliemli danke diir,
Dien liebnädd zue dr winke,
Un alli Dierli fraie sich,
Woo us dr Wasser trinke.

Bisch eewig jung im Alter no,
Kai Zit kennsch un kai Halt,
Bisch allwiil luschtig, frei und froh,
Drum wursch duu au nie alt.

Wie frai i mi, lieb Schwarzwaldbächli,
Diir isch mii Härz un duu mii Bluet,
Wänn mir zwai mitenander schwätze,
Noo hääris als, wie 's klopfe duet.

Schwarzwaldbächlein

Das gesunde Brünnelein

Vorem Huus lauft usem Boode
Durch e Dichele lääg im Gfäll,
Im Schätte biire grooße Bueche
Schu johrelang e kiehli Quell.

Dief im Bärg drinn gschiiht des Wunder,
Was säll Rährli bringt an Daag,
Un vu uns no niemer gsehne,
Es kennt kai Halt bim Glockeschlaag.

's lauft immer zue im gliiche Oode,
's waiß nu ai Gsang, si Brunnelied,
Ob de Riife an de Baime,
Oder ob de Holder blieht.

Un 's ganz Huus horcht uf säll Liedli,
Bi Daag un naachts, un find kai End,
Unes schpieglet sich im Treegli
Bim Muuschii un wänn d' Sunne brennt.

Alt isch 's Treegli, alt isch 's Rährli,
Jung un luschtig 's Wasser singt.
Gsund isch, wäär doo alli Morge
Sich wäscht un usem Treegli trinkt.

Waldruf

»Ruu-kumm!« hani kheert riefe,
»Ruu-kumm!« in Fäld un Waide,
»Ruu-kumm!« in Wald, in diefe,
I will dr alles zaige.

Soo het mi glockt un triiwe
De Kutter in de Wald,
I wäär am liebschte bliiwe,
Dert kenni jeedi Gschtalt.

»Grieß Gott!« het's Finkli gsunge
Vum Zwiigli doo un dert,
Si hen mi am Schoobe gnumme,
I han mi grooß nit gwehrt.

»Grieß Gott!« hen alli gsunge,
»Bliib doo!« hen alli gsait,
»Wurum bisch soo lang nit kumme?
Bi uns gschiid kainem Laid!«

»O Wald, duu Gottisoode,
I kenn dii Lut un Schtimm,
Bi diir mecht i mool draime,
Wenni mool gschtorwe bin.

Bi diir mecht i mool schloofe
Undrem Dannebaum ganz liis,
Bi Voogelgsang un Bliemli
Uf grienem Danneriis.«

Aus der Stille

Es isch kai Wääg gsii, wooni dert bin d' Halde nuf,
Un 's het mi driiwe wiene Blatt vum ruuhe Wind,
Un z'eewerscht doowe uf de Hääji hani gmacht e freie, diefe Schnuuf.
Es isch mr gsii, als obi doo mi sälwer un de Friide find.

Dert bi de Duelde, woo d' Schlaipfi isch fir langi Schtamme,
Doo het's mi gschuudered, wooni lueg soo gääh ins Dääli naa,
Doo hen si griised vum hägschte Gschait un Kamme
Die Dannebaim, als hätt mr doo e Fraid un Gfalle draa.

Lang bini gschtande, muedersäälellai un schtumm,
Kai Wertli hani gschwätzt, als wäär's e grooßi Sind,
Numme d' Blättli, d' Baim un d' Hecke umi rum
Hen mit mr glischplet, graad wiene Mueder miteme glaine Kind.

Verloore ligt im Gschtiid e halbverfuulde Schtamme,
Un grieni Nescht drumrum, graad wiene Doodebet.
Es het mi brieret, wooni lueg die viile, diefe Schramme,
Woo mr ne am ganze Liib mit Ax un Krembe khaue, gschlaage het.

»Es waait kai Lut mii Wääh durch Bann un Zit,
I bin ellai fir mich, als Baum im grooße Wald,
Un jeeder drait sii Lieb un Laid im sääre Härze mit,
In bsundre Wiis in sich als wiene Gschtalt.
Un z'gueterletscht bliibt numme noo, vun allem was
im grooße Sinn,
De eewig Huuch, woo in aim drinn.
De gschpiirsch kai Wääh un au kai Laid,
Un 's drait di hooch, us Zit un Bann in d' Eewigkait.
Un alles ander um di häär
Isch Liecht un Friide vum eewig, grooße ›Wäär‹!«

Der Weg durch das Kinzigtal

Gangi z' Fueß durchs Kinzigdaal,
Soo luegi doo mii Haimetgländ,
Mitm ärschte Sunneschii
Gluust mii Härz, vor Fraide brännt.

Glai vum Kniebis 's Dääli runter
Goht de Bach mit Silberwälle,
Es dunkt mi alles wiene Wunder,
D' Baim un d' Schtai dien doo verzelle.

Wälle schpiegle uf un niider,
E dailmool ruusche si durchs Gländ,
Riße mit sich hooch un niider
»Haimet, soo hani di kännt!«

Zwische Wald un griene Wooge
Schtehn verzetlet Buurehiiser,
Doo un dert macht d' Kinzg e Booge,
Bruuschig oder schtill un liiser.

Bluemegländ un Haimetboode,
Felse, Madde, Dannegrund,
Umi goht e liichte Oode,
Daß mi's haimlig iiwerkunnt.

Doo bisch Sinn vun allm Wääse,
Zitvergässeni, frommi Schtunde,
De kaasches usem Graas rus lääse,
De bisch mit allem dief verbunde.

Umi ruusche douset Danne,
E dail devuu schtehn ganz ellai,
Wäär die schleecht, mecht i verbanne
Z'eewerscht nuf zuem Deifelschtai.

Z' Haasle dunde duet mi mahne
E Maa mit braitem Krämbehuet,
Ainer vun de grääschte Ahne:
»Halte eich fir d' Haimet guet!

Soolang dii Muul noo Haimet sait
Un 's Wasser ruuscht zwische hohe Danne,
Sei hailig diir dii Haimetklaid
Im Schwarzwald bis zuem hägschte Kamme.

Soolang in diir e Funke gluust
Un Blueme draisch am Firtuechsaum,
In diinem Härze d' Haimet huust
Vun de Hodle bis in Doodebaum.

Un hesch duu noo vun miinem Wääse
Un Aart, woo dich durchs Lääwe drait,
Soo bisch fir d' Haimet userlääse
Un hesch e Räächt ufs Haimetklaid.«

Hansjakob, bliib Hirt un Maischter,
Schtand fir unser Haimet ii,
Verschaich im Land die bääse Gaischter,
De Härrgott mecht dr b'hilflich sii.

Zwiegespräch

E Welkli goht am blaue Himmel,
In siinem wiße Sunndigsklaid,
Es isch soo dinn wie fainer Fluu,
Wie's nädd sii Schpitzereckli drait!

E Bächli ruuscht im kiehle Grund
Un schpiilt mit Kiiselschtai,
Es frait sich, will's kai Wehri het,
's hopst iiwer Schtock un Schtai.

E Buechfink hockt im griene Zwiig,
O kennti au soo singe,
Soo woti fliege z'eewerscht nuf
Un eich e Liedli bringe.

O Reesli glai am wilde Haag,
Wie gärn woti di bräche,
Mii Härz do drinn isch irr un wirr,
Wil diini Dernli schteche.

Wätterdanne uf de Hääji,
Was sait de Schturm, de Rääge, Wind?
Bisch soo ellai un ganz verzoust,
Wurum? Kumm, saag mr's gschwind.

Reesli, Wolke, Wätterdanne,
Buechfink, Bach un Quälle,
I bin soo froh, wänni bi eich,
Un ihr miir dien verzelle.

Waldandacht

E Kirchli schtoht uf sällem Bärg,
Verschlupft im Danneholz,
Es drait uf siinem alte Dach
E Dirmli, glai un schtolz.

Schu manchi Zit hani dert verbrocht
Un bin ufem Bänckli gsässe
Un miine Schwarzwaldveegili khorcht,
Mi sälwer un d' ganz Wält vergässe.

E Schtilli isch dert une Ruei,
Mr häärt e ainzigi Melodii,
Un in de Hecke singt e Zinzli,
Ai Seel un Harmonii.

Mr denkt soo iiwer alles nooi
Un draimt vun alte Zite,
Bal duckt sich d' Sunne hinterem Bärg
Une Gleckli fangt aa z'lide.

I nem mii alte Huet vum Kopf,
Bis 's Gleckli nimmi schallt,
Un lauf noo langsam haimeszuei
Vun de Aadacht dert im Wald –.

Die alte Dorfkirche in Hausach

Eine der schönsten und ältesten Kirchen im Kinzigtal

Hinter graue Gottesackermuure
Schtoht en alti Kirch derd Wach,
Schtumm de Turm un 's schleecht kai Uhre,
Mancher Ziegel fählt am Dach.

D' Schtai un d' Kriz us alte Zite
Schtehn im grooße Grääwerfäld,
Un de Kirchturm duet doo didde
Nuf zuem blaue Himmelszält.

An de ruuh verbutzte Wände
Zaige d' Spuure hailgi Manne,
Iwermoolt vun Kinschtlerhände,
Schtrich un Farwe driwer gschpanne.

Zaiche sin in d' Schtainer ghaue,
Näädig wäär derd Muurerschpiis,
Es fallt de Butz bi jeedem Daue,
Alles brecklet, Schtai un Kiis.

Butzeschiiwe, alli Farwe,
Schärwe zwische Kidd un Blei,
Iweraal die gliiche Narwe,
Usträtte jeeder Schtapfleschtai.

Innezig e frommi Schtilli,
D' Wänd, die sin vum Bädde schwäär,
Un es goht ins Härz e Filli,
Als i no e Orgle häär.

Alte Dorfkirche in Hausach im Kinzigtal
(steht unter Denkmalschutz)

Voll vor Fraid un d' Lieb im Härze,
D' Sääl so liicht, e hailig Gfiehl,
D' Sunne gluust wie doused Kärze,
I knei mi uf säll helzi Gschtiehl.

Es schtoht en alti Kirch ellainig
Ame Bach im Grääwerfäld,
Derd dunde bisch mit allem ainig.
's ainzig Oort uf dääre Wält.

Die »verzürnten Dorfheiligen« in Hausach

Verschtainert schtehn zwai Hailigi
Bi de Huusebacher Bruck.
Die ai devu isch d' Maria
Un hintedraa de Nepomuk.

De Nepomuk luegt fiischter drii
Un bschaut sich grooß nit um,
Doch d' Maria die lacht e weng,
Un niemed waiß wurum.

Soo het mr si uf d' Muure gschtellt
Vor viile Johr un Zite,
Si schtrecke sich de Buckel zue,
Mr sait, si dääde schtridde.

Un laufsch emool z' lieb Huuse zue,
Zue sällren alte Bruck,
Verzirnt sihsch derd zwai Hailigi,
D' Maria un de Nepomuk.

*Die »verzürnten Dorfheiligen« bei Hausach-Dorf
mit der Kirche im Hintergrund*

Der alte Bildstock im Breitenbachtal

E nalte Bildschtock schtoht am Schwaal
Am Wääg im Braitebacherdaal,
Viil Bliemli schtehn dert, gääl un blau,
Mit Pärli draa vun Morgedau.

I gang zuem Bildschtock gnaier naa,
Daß i säll Gschriiwes lääse khaa,
Un lueg an no in d' Niische nii:
»Siwezehhundertzwaiesiwezg ANNO DOMINI«

Ganz z'hinderscht in de Ecke schtoht
E Bluemewääsli, blau un root,
Un uf de Bliemli, »Oo schau, oo lueg!«
E Vooglneschtli mite Bruet.

E Engili kneiwet nääwedraa,
Heebt's Händli, »Wie's nädd bädde khaa!«
Als wot's doo wehre mite Hand,
Wäär fir d' Naduur het kai Verschtand.

»De Bildschtock isch e Schtick Kulduur,
De Voogl nitzlich fir d' Naduur,
Wäär sälli baide schitze duet,
Dem dank's de Härrgott, i lupf mii Huet!«

Der Brunnentrog am Büchereck

Bschaide trepflet's usem Räährli
Un 's schpieglet glai im Treegli drinn':
Himmel, Wolke, Huus un Haimet,
Un noo häärt mr no e Schtimm.

»Hesch mi gärn un duesch mi liewe?
Baum un Hecke, Fäld un Brunne,
Bliemli, Veegel, Wald un Madde,
Bach un Quälle, saag mr's numme?!«

Oh, duu lieb's, glains Brunnetreegli,
Trepfle duetes usem Boode,
D' Haimet isch mr immer 's liebscht gsii,
Alles zämme, Huuch un Oode!

Der Hochzeitbitter aus dem Schwarzwald

E Hoochzitläääder kunnt 's Daal rii,
's isch 's Doolebachers Wändel,
Am Schoowe un am Huet e Schtruuß
Mit Roosmarii un Bändel.

E Schtock, verziert mit Bliemli draa
Un Gold un Silwerpärli,
E Siidehuet, e roots Bruschttuech,
Er isch e schtrammer Kärli.

Gschtiifelt fascht bis iwer d' Waade,
E schwarzi Hoos us Läääder
Un blaui, gwirkti Schtrimpf dezue,
E räächte Hoochzitläääder.

»I mecht zuem Hoosig laade welle
Fir de ›Unterbuur‹ vum Prächt,
Ihr solle kumme zue dem Fäscht
Mit Biiri, Mägd un Knächt.

De Hoosig isch am Ziischtigmorge,
Mit ainere vum Schapbe,
Am niini goht mr zerscht in d' Kirch,
Denoo an Zech in ›Rabe‹.

Zuem Schäppelhirsche siner glaade,
Ihr solles nit vergässe.
Im Dänn, do wurd zuem Tanz ufgschpiilt,
Noo git's no ebis z' esse.

Die Lit, die lien im vorus danke,
Wänner kumme, wäär's e Fraid;
Wänn's isch, so diene si eich au
In Fraid sowie im Laid!«

Verbei isch jetz die Poesii,
Verbei die Zit vum Wändel,
Kai Hoochzitlääder siht mr meh,
Mit Roosmarii un Bändel.

Schwarzwälder Hochzeitsliedchen

Mii Schatz het blundi Zepfli,
E härzigs Siidekepfli,
Bäckli graad wie Milch un Bluet
Un e Geschli root wie Bluet.
Mii Schatz het blauwi Aigli,
E richtig Schwarzwaldmaidli.
Luschtig singt's de ganze Daag
Zwett mitem ärschte Amsleschlaag.

Hit het's gsait: »Duu liewer Bue –,
Numme ai G'falle muesch mr due,
Lueg mr nie e andri aa,
Wili säll nit liide kaa.
Wänn mi hesch vun Härze gärn,
Noo bisch duu mii Augeschtärn,
I han dii un duu hesch mii
Un soo solles immer sii.«

Un i han mim Schätzli gsait:
»Mache mir's soo alli baid,
Morgefrieh bim Sunneschii
Mueß glii unsri Hoosig sii,
Noo git's Kiechli un Salaad,
Nuudlesupp de ganze Daag,
Danzmusik no owedrii,
Un alli mieße luschtig sii.«

Schwarzwaldmädchen

Schwarzwaldmaidli, Schwarzwaldmaidli,
Schwarzwaldmaidli saag mr's numme,
Wurum hesch mit diine Aigli
Miir mii Rueh un Friide gnumme?
Hesch nit gfrooget, bisch nit gwiche
Un di dief ins Härz nii gschliche,
Schwarzwaldmaidli, i saag dr's glii,
Dii Liewi wurd mii Haimwäh sii.

Schwarzwaldmaidli, Schwarzwaldmaidli,
Draisch e Kapp' un Bollehuet,
Hesch e farwig Siideklaidli
Un dii Firduech schtoht dr guet.
Summsch e Liedli, hesch e Schtimmli
Wie im Graas drinn sälli Immli.
Schwarzwaldmaidli, duu bisch lieb,
De hesch mi gschtohle, bisch e Dieb.

Schwarzwaldmaidli, Schwarzwaldmaidli,
Roodi Bäckli wiene Reesli,
I sehn mii Bild in diine Aigli,
Hesch e klains, rund's Bobbernääsli,
Undedraa e härzig's Geschli,
Am Halstuech draisch e Silwerbreschli,
Schwarzwaldmaidli, de bisch soo nätt,
Am liebschte wäär's, wänn i di hätt.

Die alte Knechtskammer

An de ruuh verbutzte Muure
Sin drei Neegel in de Wand,
Soo isches numme bi de Buure,
Fir's Kriz un Huet un Sunndigsgwand.

Nu' ai Kerzli duet doo gluuse,
Drieb un gäälläächt isch de Schii,
E aremsääligs, fiischter Huuse,
Un d' Noocht guggt kalt zuem Krizschtock rii.

Dusse ruusche Wind un Wälder,
Un de Brunne singt sii Lied,
E herbe Huuch kunnt vun de Fälder,
Griewig schlooft de Knäächt un mied.

Der alte Schämme (Faasnet)

Häärsch nit, wie de Rolli rault?
Wie si umenander fääge,
D' Kätzleri, die schpeit un jault,
»Hoorig, hoorig 's goht degeege!«

Nuf uf d' Biini schliicht de Andräs,
Langt de Schlissel vun de Wand,
Bschaut im Troog si Schpättlihääs
Un schtriicht de Schämme mite Hand.

Wurmig ischer, Lechli heter,
Schu de Grooßvader hete traage,
Sälbig Vader vun sim Vetter
Hete kriegt vun sinem Aade.

Er hebt vor's Gsicht de helzi Schämme,
Juchzgt un jolt de Katze zwett,
»Bin erscht fuchzgi, dues no känne,
Hansili, bisch du soo nädd.«

Un'r hopst un duet schpidackle,
Er isch jetz us Rand un Band,
Lueg, de Kaschte duet mit wackle,
»Hooch Faasnet, in miim Haimetland!«

Der Traum am Waldrand

Lueg, wie d' Sunne undergoht,
Wie si gluuset, wie si brännt,
Wiene Kuugle fiirzintroot,
Schind si iiwer's Haimetgländ.

Liisli waaije sießi Schtimme,
I waißes nit, woohäär si kumme,
Wie im Graas drinn sälli Imme,
Ganz vun witem, »Horche numme!?«.

Es duuschderet im Wald um d' Baim,
Un umi goht e miedi Rueh,
Es drait mi hooch, i schloof un traim,
Un langsam falle d' Auge zue –.

– – –

Horch! isch des nit Harpfesinge?!
Es waait de Wind de Silwerdroht,
E iwerirdisch, liisli Singe,
Wie ains im andere vergoht –.

Traimisch luegi umenander,
»Isch des nit!? – ja, kennt des sii!?«
I sehn mi sälwer wieni wander,
Ganz ellai, kai Mensch debii.

Luegemool wie's flammt im Daal!
Un d' Halde glieit im Ooweschii,
Woo de luegsch un iiwerall,
Alles guggt soo haimlig drii.

Uni flieg, als hätti Schwinge,
Iiwer d' Bärg un Dääler liis,
Une dousedschtimmig Singe
E nalti, frommi Haimetwiis.

Us de Wälder ruusche d' Danne
Mit viil Teen un mit viil Schtimme,
Doch zmool rieft's us Bosch un Schtamme:
»Lien de Haimetfunke nie verglimme!«

Bluetroot sehni d' Sunne gsuuse
liwer Wälder, Fäld und Madde
Un vun witem 's Schtädtli »Huuse«
Im Kinzigdaal im Ooweschatte.

– – –

Iiwer mir e Schternegwimmel,
Alli glieje, grooß und glai.
I han do traimt, i gugg vum Himmel,
Jetz liigi doo am Wald ellai –.

Das Reutfeld im Schwarzwald (Kinzigtal)

Windverwoowe luegt ins blau
Himmelsgländ e Ähremeer,
Un de Luft durch Ähr un Schtrau
Wooge 's liisli hii un heer.

Wälle schlaage goldgi Flamme
Iwer d' Ridi, Fäld un Bann,
Zwische Hecke, grooße Danne,
Iwernuf im Zämmeschwang.

Bei der zerfallenen Mühle

Gmääli goht de Bach un mied,
De Buechfink waiß kai luschtig Lied,
Kai Räädli ruuscht, kai Wasser tropft,
Kai Schittler goht, kai Hammer klopft.
Soo hock i doo, truurig, ellai
Im Schätte bime Miihlischtai.

Heilig Wort und Bild

Wooni gang im Wald verloore
Zwische Schtärn' un Sunneschii,
Unter Danne, Fiechte, Fohre,
Mit alle bini verwoowe gsii.

Alles isch in allem grooß.
Jeedes Pflänzli het sii Lääwe,
Alles kunnt us ainem Schooß,
Woo dr luegsch, duet's zuem Himmel schträäwe.

Jeedes Kritli, jeedes Ding,
Alles het sii aige Wääse,
Es het sii Zit un Lääbensring,
Es kunnt un goht –, däär will's verlääse?

Alles schtoht im Sii un Wääre,
Alles het sii bsundri Wiis,
Miedi, volli schwääri Ähre,
Un schtolzi, läări hampflewiis.

Wooni soo im Wald bin gange,
Schtill un muedersäälellai,
Iiwer Wurzle, Wääg un Hange,
Schwätzt zmool mit miir e nalte Schtai:

»Suechsch duu bi uns doo khaimi Zaiche?
Was fiert di rii zue uns in Wald?
Suechsch duu e Helge, gschnitzt in Aiche,
E Schtai, e Baum, e bsundri Gschtalt?

Duesch duu in diir nit sälwer ahne
Vun Liib un Sääl un vun dehaim?
De Wääg muesch sälwer sueche, bahne
Grad wiene Dichter Wiis un Raim!«

I gschpiir, daß ebis ummi goht,
Un usem Doowel kunnt e Wind –
Lääwi? – traimi? – bini dood?
Wäär froogt mi doo un lischplet lind?

Frooge wirble uf mi nii,
Was het des Lääwe fire Sinn?
I waiß bal nimmi us no ii,
I waiß bal nimmi, owi bin –.

Zwische Mänsch un Mänsche baue
Si grooßi, diefi, braiti Muure,
Kainer duet am andre traue,
Un d' Schelme in de Winkle luure.

Soolai Frooge un viil andri
Drucke doo mii Sääl, mi Hirn,
Si dien wie d' Schätte mit mr wandre
Vum glainschte Kiidli bis zuem Gschtirn.

»Duen di halt nit eeländ plooge
Mit diinem Griiwle, Sueche, Boore, Graawe,
Waisch, 's git halt soo viili Frooge,
Un kaini kaasch an d' Sunne traage.

Der Heilige Brunnen bei Haslach im Kinzigtal

Es suecht de Gaischt, duesch zwiifle, irre,
De findsch kai Boode, hesch kai Halt,
Un d' Wält dert dus isch am verwirre,
Si danze ume goldi Kalb.«

Iiwer miir e blaue Himmel,
Häll verkläärет vun de Sunne,
O kennti fliege us dem Gwimmel
Zue dr nuf, noo hätti's gwunne!

In säll ander Land num wandre,
Wit, wit furt, woo's niemet waiß,
Woo si sin, die viile andre,
Kai Zwiifel mäh im Härze draisch.

Haiter wääre fiischtri Daage,
I bricht mii Gaischt noo nimmi plooge,
Un im Härze alli Gnaade,
I wäär noo frei vun alle Frooge.

Wooni soo im Wald bin gange,
Doo sehni zmool im Sunneglanz,
Zwische grooße Schwarzwalddanne
Mii Haimet doo im griene Kranz.

Ainer het mr Antwort gääwe,
Ainer numme, ganz ellai:
»Duen duu schaffe, ährlich lääwe,
Bisch de Läbdig froh un frei.

Un in diinem Härze traage,
Was dr lieb un hailig isch.
Alli Dääg am Härrgott danke,
Daß'r immer bii dr isch.

Lieb dii Haimet, diini Wälder,
Liewi Wertli sollsch duu finde,
Wänn goldig glänze d' Bärg un d' Fälder,
Die allernäddschte Lieder binde.«

Frei willi zuem Usdruck bringe,
Bärg un Daal, i hätt's nie gahnt,
Mii Lääwe mechti diir verdinge,
Haimet! duu hesch mii hit gmahnt.

Alli diini liewe Nämme,
Traagi gärn im goldige Schild,
O duen dii Schtämpel in mii bränne,
Hailig isch mr Wort un Bild!

Der Schwarzwälder in der Fremde

Haimet! Zaig mr noomol alles zämme,
Wänn mii Wääg in d' Fremdi goht,
Saag mr noomol alli Nämme,
Soo wie's im Haimetbiechli schtoht.

Gib mr noomol Huuch un Oode,
Dief im Wald un Sunneschii,
Loß mii wiele in dim Boode
Dert, wooni noo ganz glai bin gsii.

Gang mit miir durch alli Gäßli,
Iiwer Bärg un Daal im liise Schritt
Un gimmer noo e ganz glai Mäßli
Vun dim Haimetboode mit.

Loß mi nit dert duß ellainig,
Wänn mii Bindel miet un schwäär,
Un mii Härz doo drinne traimig
Un umi rum soo främd un läär.

Gib mim Härz viil Sunne, Flamme,
Waisch, i bin vun diir soo witt,
I draag soo gern in mir dii Namme,
Gäll Haimet, de vergisch mi nit!? –

Frühling

E.T.B.71

Vorfrühling

Horch, horch! Es rieft im Dannewald,
E Duudle, Juuble, Singe.
D' Madenkeli, si schlupfe bal,
Un d' Wiidekätzli schpringe.

Es schwellt de Bach un 's flääzt de Sand,
Viil Märzeveili waaije.
Es schtrait de Buur us voller Hand,
's isch Zit zuem Haawer saaije.

E Maisli lockt de ganze Daag
Sim Schätzili: »Kumm mit!«
Schlupft ab un zue ins Dornehaag,
»Zwii-wit, zwii-wit, kumm mit!«

E Finkli singt de andre zwett,
»Kai Iis het's meh, kai Schnee.«
Un 's frait sich, wils schu Bliemli het,
»De März isch doo, juhee!«

»Zit isch doo!« So rieft's allbot,
Soo frei isch' mr um's Härz!
Es singt un joolt am Winter z' Schpott:
»s' Friehjohr kunnt, 's isch März!«

Weidenkätzlein

Nit wit wäg vun sällre Bueche,
Schtoht e Wiideschtock im Moos.
D' Immli dien derd iifrig sueche,
Jeedes trait e gääli Hoos.

Wie die Wiide triiwe, kiime,
Jeed's vun de Näschtli wiegt si Kind,
Waisch, säll bruche unsri Imme!
Riß nint ab, säll isch e Sind!

Was sich uf de Erde sunnt,
Alles het si bsundre Sinn,
De Herrgott rieft's zue siire Schtund,
Schiint dr ebis no soo gring.

Wiidekätzli bi de Bueche,
I frai mi soo am Immegsumm,
Loß si au ihr Fueder sueche,
Sei soo guet, i bitt di drum!

Märzenveilchen

Jungi Knoschpe schpringe,
Un liichter goht mii Fueß,
Im Wald drinn häärsch e Singe
Als erschter Friehjohrsgrueß.

Die Silwerbächli hupfe,
Un 's goht de Schnee un 's Iis,
Viil Märzeveili schlupfe,
De Wind waaiht warm un liis.

In miinem Härz duet's klopfe,
I gschpiirs in miinere Bruscht,
Mecht iwer d'Schtai nus hopse,
Vor ludder Fraid un Luscht.

Herrgott, giw uns im Märze
Viil Bliemli uf de Haid,
Mr danke dr vun Härze,
Was du uf d' Madde gschtrait.

Schlüsselblumen

Madenkeli ganz gääli,
Blieije jetz hampflewiis,
Si waaije froh im Dääli,
Un d' Immli summe liis.

Si schtrecke ihri Kepfli
In jeedes Bliemli nii,
Un schlotze sießi Trepfli,
Als wäär's e guete Wii.

Wie hailigmääßig isches,
Wänn's traimet usem Boode,
Herrgott, i glaub, duu bisches
Mit diinem Huuch un Oode.

Der Frühlingsmorgen

Ame Sunntigmorge isches gsii,
Doo hani mi soo gfrait,
Wooni gang ins Däändle nii,
Madenkeli het's doo, wie gsaait.

Alli Bächli hen doo gluckset,
Vor Fraide als e Hopser gmacht,
I han kum gschnuufet, mi nit gmuckset,
Doch im Härze drinne glacht.

I duen mi soo uf's Friehjohr fraie,
Soo viil Ghaims duet's in sich birge,
I mecht's in alli Wält nus schreie,
Soo duet's mi im Hals drinn wirge.

Luege doch, ihr liewi Lit,
Was uns 's Friehjohr alles bringt,
Nemme eich e klai weng Zit,
Häärsch denn nit, wie's juchzgt un singt?

Blatt un Bluescht an Baum un Zwiig
Un innedrinn e Voogellied,
Noo isch si doo, die näddschti Zit
Un 's haitert uf mi Härz un Gmiet.

Der Buchfink

Wäär het eich gweckt,
Soo wiiß un gääl,
Ihr Bliemli derd bim Brunne?
Wäär duet eich riefe?
Wäär git eich Lut
Bim Plätzli an de Sunne?

Wänn's erschtmool singt
Vum hägschte Dolde
De Buechfink frei un froh,
Säll het uns alle Bliemli golte,
E klai weng Sunneschii,
Un mr sin doo!

Frühlingserwachen

Es schtoht e grooßi Heesleheck
Mit Zottle an de Zwiige,
Nit wit devuu, mit Kätzli draa,
En alti, grieni Wiide.

E Finkli singt si Morgelied,
I han mi selli gfrait,
Es wetzt si Schnaawel ab un zue
Un butzt si Hoosigklaid.

Die Wiide schtoht im volle Saft
Bi 's Martisbuure-Eck,
I klopf un klopf uf d' Rind un Schaft
Un pfiff de Veegel zwett.

Un numme goht's in ainem furt,
Mit Duudle un mit Singe,
De Fink un i, hen unser Fraid,
I glaub, i krieg no Schwinge.

Im Morgeliecht e Melodii
Durch Wald un Dääli goht,
Zwei Sääle un ai Harmonii,
Mr maint, 's wäär schu vu Aafang gsii,
's isch wie mr sich verschtoht.

Frühling

Gar luschtig guggt hit d' Sunn ins Land,
's isch Friehjohr hit im Fäschtdaagsgwand.
Es blieiji Bliemli, Baim un Bisch
Un zaige, daß jetz Friehjohr isch.

De Voogel singt vor ludder Fraid
In sinem liichte Fäädreklaid,
Un d' Immli summe in de Baim,
Si traage schu de Hunig haim.

Alles lachet, joolt un singt,
Vor Fraid mir schier 's Härz verschpringt.
Juhee! Wie isch die Wält soo nädd,
Im Friehjohr, wänn's als Bliemli het.

Der Frühling im Tal

Doused Bliemli hani gfunde,
Hundert Mickli hani zehlt,
Wort un Raimli zämmebunde,
Gluuschteret in Wald un Fäld.

Summerveegili hän doo guuget
Hii un häär im liise Wind,
An de Bliemli d' Immli gsuuget,
Ob's no e Trepfli Hunig find'.

Innezig het's klopft un gschaawe
Vor luter Huuch un Sunneschii.
I mecht des alles zämmetraage
Zuere grooße Melodii.

Oh, des mieẞt am Härrgott gfalle,
Wänner schpiilt im Schtärnesaal
Uf siire grooße Himmelsorgle
Des Liedli usem Kinzigdaal.

Maienlied

De Maie het viil Blueme gsaait
Uf d' Madde hampflewiis
Un Bluescht uf alli Zwiigli gschtrait
Wie klaini Hoosigschtriiß.

Uns Bächli brudlet, lacht soo froh
Un blinzlet mit de Sunne,
Es hopst un mecht vor Fraid vergoh,
Es ischem selli z'gunne.

E Maisli schlupft ins Voogelhuus
Un rieft »zwii-wit, zwii-wit«,
Es schtreckt de Kopf zuem Lechli ruus
Un rieft »kumm-mit, kumm-mit!«

An das Maiglöcklein

Es schleecht e Fink vum hägschte Dolder,
Es gehn zwai Mensche ganz ellai
Derd zuem Gaartehuus bim Holder.
Alles singt un lacht, 's isch Mai!

Es ruuscht de Bach mit Silwerwälle
Iwer Schtock un iwer Schtai,
Es schpruudle klari, frischi Quelle,
Friehjohr isch's, »juhei!«

Es blieiht e Bliemli wiiß wie Kriide,
Zimberlig am griene Rai,
Un 's litet aa de Waldesfriide,
Es litet aa de Mai!

Kleines Tanzliedchen

I meecht soo gärn, i saag's au glii,
E Hoosigklaid us Sunneschii,
Mit Lieb un Guu,
Un liicht wie Fluuh.
E soone Klaidli hätt i gärn.

I meecht soo gärn e Maiekranz
Mit Bliemli drinn zuem Hoosigtanz,
Soo wiiß wie Kriide,
Fai wie Siide.
E soone Kränzli hätt i gärn.

I meecht soo gärn, i meecht soo gärn
E Ringli mit'm Morgeschtärn,
Ganz goldig schwäär,
Woo nemmi's heer?
E soone Ringli hätt i gärn.

I meecht soo gärn, i waiß schu was,
E Trepfli Dau vum frische Graas,
Soo dipfli klai
Als Edelschtai,
E soone Pärli hätt i gärn.

Der Kirschbaum

Ins Noochbersgaarde e Kriesbaum schtoht
Ganz schloosewiiß an alle Zwiige,
Un d' Immli sueche Hunigbroot,
Vor Fraid si summe, giige.

E Liftli goht, e siese Wind,
Es flocket graad wie frische Schnee,
Un 's glizgeret, mr wurd fascht blind,
Un d' Auge dien aim wäh.

E Musik isch des un e Singe
Soo fai un froh, soo lind un liis,
Un grieni Knoschpe schpringe,
Viil doused Bliete buschlewiis.

Beim Weißdornbusch

Jetz blieijt 'r in de vollschte Pracht,
Ganz schloosewiiß am griene Rai,
De Wiißdorn in de Maienacht,
E Schtärnehimmel driwer dacht
Als Wächter bime Findligschtai.

Ganz liisli waaiht de Owewind,
Bis daß de Daue driwer kunnt,
Un sini faine Näwel schpinnt.
Jeed's vun de Näschtli wiegt si Kind
Soo liebli bis in d' Morgeschtund.

O Morgesang im Wiißdorn drinn,
's wurd aim soo froh un liicht im Gmiät,
Un 's haidert uf de dunklescht Sinn,
Mr gschpiirt, daß ebis in aim drinn
Durch 's Härz un d' Sinne ziägt.

O Bluemehuuch, o Amsleschlaag,
Duu goldig Liecht, duu nädder Daag,
O Sunneschii im Morgedau,
Wänni im Graas die Pärli bschau!

Der Schritt im Acker

Es goht uf sinem Acker
De Buur im gliiche Schritt,
Durch d' Finger schtricht'r d' Sääme,
Si bringe 's Lääwe mit.

Soo goht'r uf un niider,
Un schtrait us voller Hand,
Was wääre will, mueß wiider
In Acker un ins Land.

Si wurzle un si kiime
Bim erschte Morgeroot,
Die winzig klaine Sääme,
Bis d' Ähr im Acker schtoht.

Un langi Schätte falle,
De Wind schu kiehler waaiht,
Zwai Händ dien sich no falte:
»Gott helfis, was jetz gsaait!«

Der Pflug im Acker

Viil wärmer schiint jetz d' Sunne,
Un d' Immli fliege us,
Un luschtig ruuscht de Brunne,
's will alles usem Huus.

»Hi-hot«, soo rieft's am Hange,
Im schwääre Fuuhreschritt,
Zwai Ochse schtehn im Schtrange,
De Buur am Pflueg: »Ho-hit!«

Es schtiigt de Huuch vum Boode,
Verwaaiht sich iwers Gländ,
Es findet Huuch un Oode,
Wäär frieh de Morge kennt.

Sommer

E.F.B. 77.

Die Ruhe im Gras

I liig im hohe Schmeelegraas,
Miislischtill isch's umi rum,
I denk an Gottis Iiwermaaß
– – alles rueig, grooß un schtumm –.

Traimisch wurdes in mr drinne,
Als i häär e Gleckli lide,
Soo viil Khaims duet mi versinne,
Was sot des un säll bedidde?

Silwerwolke gehn am Himmel,
Un i liig im Bluememeer,
Oh, wie näd in Himmel luege,
Mr isch's, als obi gschtorwe wäär –.

Einsamer Gast

’s isch gsii ame sunnige Numidaag
Uf ’s »Reidebuuresit«.
Derd bini glääge schtundelang,
’s haißt »Haase-Eckli« hit.

I seh am Himmel d’ Wolke ziege
Häll im warme Sunneschii,
Grooß’ un klaini Wolkeschääfli,
Woo wurd denn au ihr Schääfer sii?

Umi rum im Bluemegraas,
Waide Kiäi un Schoof in Friide.
Kai Menschesääl, soo wit de sihsch,
E Buechfink schleecht nu in de Zwiige.

Traimig liige Wald un Waide,
E Grille giiget liis am Rai,
Zwai Mucke danze ume Bliemli
Bime vermooste Locheschtai.

Langsam duuschteret’s im Dääle,
Un usem Doowel bellt e Hund,
E Hirtebue rieft ame Kiähli,
Sunsch isches ruehig im Raidegrund.

Kiälläächt waaiht de Oowewind,
Vergluust isch d’ Sunne iwerm Daal,
Un ’s Grääsli zittret uf de Madde,
Viil Schtärnli zinde uhni Zahl.

Un immer liig i no vertraimet
Dief im Graas bim Schtärneschii,
Vergässe, muedersäälellainig,
I main, es wäär nie anderscht gsii.

Blumenhochzeit

Simmerig ame Schtrooßeschtai,
Blieiht e Bliemli ganz ellai,
I hans noo gschtriche mit de Hand,
Säll Bliemli derd am Schtrooßerand.
E Immli kunnt un's Bliemli find',
I gugg'm zue, isch des e Sind?

Das Lied im Lindenbaum

E Melodii,
E frommi Wiis,
Soo summt's im Baum,
Ganz schtill un liis.

Vun jeedem Zwiigli
Waaiht e Lied,
Mi Härz wurd liicht
Un froh mi Gmiet.

Das Wunderkörnlein

Simmerig schtoht en Ährefäld,
Driwer waaiht e liichti Gluet,
Jeed's vun de Kärnli trait e Wält,
Wännes undrem Boode rueht.

Jeed's vun de Kärnli isch e Wunder,
Es het si aige Form un Sinn,
Uf de Wält, doo goht nint unter,
Schiint dr manches no soo gring.

Feld und Ähre

Iiwers goldig Ährefäld,
Waaites flimmrig driiwer häär.
Alles bis ins Diefscht versunnt,
Un d' Hälme guuge, mied un schwäär.

Huuchfai, liisli goht de Oode,
Ruf un raa im gääle Wooge,
Root un Blau isch nii verschpunne,
Unterem grooße Himmelsbooge.

Jeedes Kernli drait e Ähre,
Zwai un mehner, 's het kai Klaag.
Es isch nit minder wie dii Lääwe,
Un 's Khaimniß bringt de letschte Daag.

Iiwers goldig Ährefäld,
Waait e frommi, schtilli Gluet,
Jeedes Kernli drait e Wäld,
Wännes schtill im Boode ruet.

Am Kornfeld

D' Hummle brumme, d' Ähre wooge,
Mießig schtand i, schtill un schtumm.
Alles goldig iwerzooge,
Uf de Madde Immegsumm.

Un e Lärche schtiigt in d' Hääji,
Git em Wind e Liedli mit,
Un verwaaiht's us miire Nääji,
Woo's no naa isch, waiß i nit.

Des Sängers Tod

Uhni Rueh, vum hägschte Dolde
Singt e Amsle froh ihr Lied.
Un es kunnt vum Wald un Felse
Schwäär de Wiiderschall un mied.

In de Hääji, uhni z'schwinge,
Ziegt e Wanewääwer siini Bahn. –
»Amsle, duesch duu morge singe?
Isch mii Schnuuf nit, was i ahn?«

Herbst

Sommerabschied

Wäär schtriicht mit bruner Lauge
Eich Baim un Hecke aa?
's Wasser kunnt aim in d' Auge,
Woo sin ihr Bliemli naa?

Wäär het die Voogelliedli
Im Wald un Fäld verschtimmt?
Im Waidbärg sihsch kai Kiähli,
Kai Hirtebiewli singt.

Jetz schtrait de Buur si Kärnli
In d' Furche uf'm Fäld,
De Herrgott sini Schtärnli
Am grooße Himmelszält.

Bal wurd säll Kärnli kiime
Wänn 's Friehjohr wiider kunnt,
Mit liewi Voogelschtimme,
Un 's Bliemli waaiht im Grund.

Zeitloser Weg

Gäälläächt wääre d' Baim un d' Hecke.
Fiirzindroot säll Krieselaub,
Un de Riife duet bal decke
's Graas und d' Blueme, eb mr's glaubt.

Voogelbeere an de Esche
Waaije heer un waaije hii,
D' Bluemefarwe am verlesche,
De Daag isch au am längschte gsii.

Woo mr guggt un woo mr schtoht,
Alles het si bsunder Gwand,
Alles kunnt un alles goht
Untrem große Himmelsbrand.

Der erste Reif

Als Burscht soo luschtig gschprunge,
Durch d' Madde un durchs Fäld,
Un zwett de Veegel gsunge,
Als gieng's um Guet un Gäld.

Hählinge un verschtohle
's letscht Reesli, derd am Haag,
Hani als mieße hoole
Zuem Schtruuß vor Dau un Daag.

Verwaaiht sin d' Johr un d' Schpuure,
Kai Reesli bliejt am Haag,
Wie lang wurd's au no duure?
Woo isch die Zit naa, saag?

Verflooge Daag un d' Schtunde,
's goht um e herbe Oode,
Kai Bliemli hani gfunde,
Nu Riife uf'm Boode.

Herbstliches Stimmungsbild

D' Nääwel schpinne dicki Tropfe,
Un 's Krieselaub fallt fiirzindrood,
Haimeszue boldert e Karre
Durch e Fäldwääg zimmli schpoht.

Kiehllääicht waaites usem Dääli
Un 's Karreliechtli fiischter brännt.
»Hoi Schäck!« heert mr vun widem riefe,
Sunsch isches rueig im ganze Gländ.

Silberdistel

Im Waidbärg isch e Plätzli,
Vun doo e gueti Schtund,
Derd isch mr ganz ellainig,
Un alles iwersunnt.

Derd schtehn im Graas drei Blueme,
Si glitzgere wie Schtärn,
Mit grooße, diefe Auge,
Die Blueme han i gärn.

Es sin drei Silwerdischtle
Im hälle Sunneschii,
Un häärschi du mool lischple,
Noo schlääferet's di ii.

Reifer Baum

Es flammt im hälle Iwerschwang
Fiirig jeeder Baum im Gländ;
Bis zuem letschte Zämmeklang
Gluust, was zidig un verbrännt.

Lääwe, Schtärwe, Wälke, Triiwe,
Duu un ich un Bosch un Schtamme,
Irdisch, was het kai Verbliiwe,
Alles mueß durch Fiir un Flamme.

Es goht de Oode us un ii,
In Wind un Wasser, Erd un Sunne,
Un 's bringt de Daag de Widerschii,
Eewig 's Fiir un immer Brunne.

Winter – Weihnacht

Schwarzwälder Bauernhaus im Winter

Ein Wintertag

Lueg wie's dusse schtirmt und schneid,
Flegli wirble druf un druf,
Jeedes an sii Plätzli keid,
Mr maind, als heertes nimmi uf.

Jeedes Flegli, woo dr luegsch,
Isch glai usenander grupft.
D' Baim, die schtehn im Winterbluescht,
Alli sin mit Schnee verdupft.

Lueg säll Dannebaimli aa,
Wie sich's wehrt un wie sich's duckt,
Als hätt de Schnee sii Gfalle draa,
Wiener's andem zämmedruckt.

Un dert duß de Gaartepfohl
Macht, wie wännsen friere duet.
Wieviil Flegli saag emool,
Het'r brucht fir säller Huet?

Un säll Gräässli nääwedraa
Schlooft soo guet, es will mi briere,
Hen si zuedeckt, lueg mool naa,
Mainsch nit au, es kennt verfriere?

Schloofe wohl im kiehle Bett,
Alli Bliemli froh un gsund,
Un wänn's emool kai Schnee meh het,
Mit'm warme Huuch au d' Sunne kunnt.

Das Kreuz im Schnee

Es goht e wite Wääg verloore
Durch e Wald hooch uf de Hääh',
Schtai un Bai isch's zämmegfroore,
Mr luegt dert numme Iis un Schnää.

Knai am Baum dert bi de Huurte,
Woo mr schaut frei iiwers Gländ,
Schtoht e Kriz mit hailger Buurde,
D' Neegel krampfe d' Fieß un d' Händ.

Iiwers Gländ waait's kalt un schuudrig,
Wiene Wäh vum Dernehaag,
Hängt de Kopf mit Bluet soo truurig,
Als drait'rs Laid durch Zit un Daag –.

Der Winter auf dem Fensterbrett

Mr siht kum no zuem Fenschter nus,
Wie's jetz saut un schneit doo dus,
Mr siht kum numme e baar Schritt,
Schneie duet's an ainem Schtick.

Alles isch jetz anderscht woore,
De Buechfink het sii Lied verloore,
Er hockt verschaicht am Fenschterbrätt
Un sait, daß'r au Hunger het.

E Kooderli hockt nääwe draa
Un meecht au gern sii Zahldaag haa,
Un maind, es gieng in ainem hii,
Martini häär jo au schu gsii!

E Blaumais sait, 's will au sii Sach,
Es hätt nint z'ässe, kum e Dach,
Un's bebberlet ans Fenschter naa,
Ob's nit au kennt e Voorschuß haa.

Drum bitt i eich, ihr liewi Lit,
Vergässe unsri Veegel nit,
Wäär doo will de Schepfer loowe,
D' Kreatuur un alles Wääse,
Deß unsrem Sinn e Fromme git,
Der kann emool im Himmel doowe
Im goldige Buech sii Namme lääse.

Unsere Singvögel im Winter

's schneit duß, un 's isch gruusig kalt,
Es isch e schuudrig Wätter,
De Wind bloost hit durch Diir un Schpalt,
Durch d' Fuege un durch Brätter.

E Finkli hockt bim Fänschter draa
Mit zwai klaine Maise,
Si bebberle an d' Schiiwe naa,
Dien ebis z' esse haische.

Es sin soo armi Veegili
Un hen e grooßi Noot,
Mr siht's an ihre Aigli aa:
»Giw uns e Brääsli Broot!«

»Gang, giwene doch, sin armi Trepf,
Hiirse, Mohn un Nussekärn,
Un hen si voll die klaine Krepf,
Soo singe si dr e Liedli gärn.«

Es kunnt emool de Ooschterdaag,
Mit Blueme, Graas un Sunneschii,
De Buechfink macht si Maischterschlaag,
Un alles guggt noo haiter drii.

Die Legende vom ersten Weihnachtsglöcklein

Ame Winteroowe isches gsii,
Vor viile hundert Johr,
Soo het mii Mueder als verzehlt,
Des Gschichtli sei au wohr:
En alte Schopf , e Brätterhuus,
Ganz z'hinterscht, dief im »Hohlegrund«,
Derd het e Maagd un e Knäächt als ghuust,
Kai Mensch weiß d' Zit un d' Schtund.
E Kindli het mr derd geboore,
En arems, liebs, klains Bindili,
De Knäächt un d' Maagd, die hen nint ghaa,
Nit emool e ainzig Windili.
E Hirtebiewli isch zmool kumme
Un het vor Kelti gschloderet,
E Schooffäll an dem Kindli broocht
Un vor Fraid soo gschtoderet:
»Doo, Kind, de bisch en arme Tropf,
De duesch mi selli briere,
Doo hani dr e Wärmi broocht,
Nit, daß dr muesch verfriere.
I han sunsch nint, bin selwer arm
Un au kai Vader, Mueder meh,
Doch was i han, säll giwi gern,
Waisch, Kind, de duesch mr wäh!«
De Sepp het noo zuem Biewli gsait:
»Was traisch du doo an diinem Bändel,
Woo wuhnsch, wäm khäärsch, was bisch, wie haisch?«
»I bin e Kiähbue un haiß Wändel.

E Gleckli hani no firs Kind,
's mecht lite un verkinde,
Daß alli Mensche uf de Wält
Bi ihm de Friide finde.«

Un sideheer, fir Dier un Mensch,
Isch'r de hailig Wändel,
Mit Hirtedäschli, Schtaab un Huet
Un e Silwergleckli ame Bändel.

Erste, stille, Heilige Nacht

Muu un Schtärn am Winterhimmel,
Schtaihart gfoore, kalt un Iis,
Soo schtampft e Knächt mit Magd durch d'Fiischtri,
Un de Schnää fallt schtill un liis.

Halb vrfalle schtoht e Hitti,
Gnai am Wääg, es goht de Wind,
Nu' de Huuch vun Ochs und Esel
Schitzt vor Keldi 's Krippekind.

Zmool, doo isch e Schtärn ufgange
Un will de Wält e Fraid vrkinde,
Uf e Schtall isch d' Hälli gfalle,
Daß jeeder kann de Wääg no finde.

Z'hinderscht an de Wand bim Haischtock,
Kneit de Sepp vor Magd un Kind,
Un drumrum e Huufe Gräämli,
Drie Kinig un's ganz Hirtegsind.

Un e Duudle, Fleede, Singe,
Alles het doo Musik gmocht.
Kinderschtimme, Engelschtimme,
Erschti, schtilli, hailgi Noocht.

Der Weihnachtsstern

Es gluust un glieit am Himmel haiter,
Un d' Schtärne ziege uhni G'hais.
Es isch e Noocht, woo d' Mänschesääl
Vun wunderliche Zite wais.

Un wämmer horcht, soo häärt mr liis,
E Lied in alli Wält verklingt,
Durch Luft un Liecht, e frommi Wiis,
E jeedes Schtärnli glieit un singt.

Ai Schtärne gluust wie goldig Fiir
Un het e bsundri Melodii,
Vun alle zämme nu ellainig
Isch er sich sälwer Liecht un Schii.

Un wanderesch am Oowe schpoht
Bim Schtärneschii zue Wiihnoochtszit,
Soo isch dii Wääg nu halb soo wit
Dert naa, woo's numme Liewi git.

Sprichwörter und Glückwünsche

Das Blümlein der Liebe

Vum ärschte Morgeschii un Daue
Luegt 's Bliemli an de Sunne naa,
Es kriegt nit gnue, es mueß si bschaue,
Wäär Liewi git, mueß Wärmi haa.

Das Paradies

Due gar liisli wandre,
Woo d' Wält soo bruuschig isch,
Lueg nit uf alli andre,
Blib numme, wäär de bisch.

Läbsch duu fir dich ellainig
Un uf dii bsundri Wiis,
Bisch z'friide un mit'r ainig,
Hesch's wie im Paradiis.

Sprüchlein für den Lebensweg

»Loß di vun fremder Wiis nie blände,
Due 's Bild de Haimet nie verschände,
Wäär Wald un d' Veegel schitze duet,
Sällem dank es Gott, i lupf mii Huet!«

De kannsch 's Broot verdiene, woo de wit,
Awer vergiß dii Haimet nit!

I han nint, säll isch mii,
Bi diir wurd's au nit anderscht sii,
Doch mainsch, hesch mehner wieder ii,
Soo isch säll numme Schii.

Lauf nie uf hohe Schtelze,
Noo keisch au nie wit raa,
Iß liewer 's Brot mit Schpelze
Un bliiwe räächte Maa.

Duu oder ich,
Baidi sin gliich,
Hit oder morge
Arm oder riich.

Als Kind, doo waiß mr alles guet,
Als Maa, mr numme sueche duet,
Un wämmer mool ins Alter kunnt,
Wurd mr vum Glauwe iiwersunnt.

Mach kai Wääsis, bliib ganz liisli
Wie de Luft im Ährefäld,
Numme no die schtille Schtriißli
Verblieje nie uf dääre Wält.

Was Maiedaue un Sunneschii
In Wurzle, Baum un Schtamme,
Säll bringt de Herbscht im Wiiderschii
Als Guet im Blatt wie Flamme.

Hesch di mool gsuecht
Un au schu gfunde?
E schwääre Wääg, er isch nit bahnet,
Hesch au di sälwer iiwerwunde?
Vum grooße Oode ebis gahnet?
Sei kai Lump, lueg in di nii,
Wänn dich emool dii Gwisse ploogt,
Soo moncherlai wurd z'mache sii,
Wänn haimli dich dii Zwiifel froogt,
Un luegsch au numme durch glaini Schpalte,
Soo due nu Zwiischprooch mid'r halte.

B'hiet uns vum grooß Wasser, Fiir,
Trickeni un Haagelschlääg;
Diire Schpuure folge mir,
Hit un morge, alli Dääg.

Im Hungerjahr 1947

Der gute Samen

E guete Suume in guete Boode,
Mr het's hit oder morge z' gnieße,
Un ins Härz nu gueti Wärtli,
Was de saaihsch, wursch äärne mieße.

Der Feldweg

Ufem Fäldwääg soll mr baarfueß laufe
Am Oowe schpoht zue Summerszit,
Wil dert im Khaime un e soo
De Härrgott siiner Sääge git.

Jahresschau

An Neijohr, wänn d' Glocke lite,
Guggi gmäli nomool zruck,
Wooni gange bin vor Zite,
Iwer Wääg un Schtääg un Bruck.

Manchi Dääg mit ihre Schtunde,
Schtrahle no vu witem heer,
Andri gluuse no an Wunde
Un innezig zuem draage schwäär.

's Uhrgwicht wurd au dis Johr drucke
Uf's Menschehärz wie sideheer.
Muesch di halt bi Zite bucke,
Wie im Fäld die trächtig Ähr.

Schmärz un Uurächt wääre bliiwe
D' Johre us un d' Johre ii,
Lieb un Laid wursch nie vertriiwe,
Muesch nit schelde – schick di drii!

Neujahrsglocken mit Bauerngebet

Hooch im Fiischtre schlecht en Uhre,
Zwelfi isches an de Zahl.
Wie vergaischtret us de Muure
Waaihtes iwer Bärg un Daal.

Zmool im Grischt, im volle Schwinge,
Frei in Lifte hii un heer,
Duet's in alli Land nus klinge,
D' Glocke riefe lut un schwäär.

In de Bälke duet's rumoore,
's geischt un 's echzget, 's giigst un kracht.
Hooch vum Turm us Diir un Doore
D' Glocke lite Neijohrsnacht.

Um die Zit, doo bitte d'Buure
Sääge fir ihr Haimetgländ,
Gueti Ährn un grooßi Fuhre,
Huus un Schtall in Gotteshänd:

»Herrgott, giw uns Sunn un Daue,
Trooscht un Iisicht, guete Root,
Mr bringe unser ganz Vertraue,
Giw uns unser dääglig Broot.

B'hiet uns vore schlächte Zit,
Loß dii Hand nit falle,
Vor Hunger, Kranket, Zank un Schtritt,
Was Uurächt isch, verzeih uns alle«.

Neujahrsgruß

Es drait mii Huuch e Grueß vun miir
Ganz miislischtill durch d'Schtuuwediir
Un lischplet lieblig an dii Ohr:
»E frohi Wiihnäächte une guet's neis Johr!«

Glückwunsch

I winsch dr hit zue diinem Fäscht:
Vun alle Kridli numme 's Bescht,
Soo lang de läbsch kai triewe Daag
Un Friid un Fraid, noo het's kai Klaag,
Un Gsundhait alli Dääg im Huus,
Un doo hani no e Schwarzwaldschtruuß!

An meine Freunde

Ihr liewi Fraind, i winsch eich numme,
Un kai Mensch meecht's eich vergunne:
Vor alle Dinge Friid' un Fraid,
Un wänn's mueß sii, au Glick ins Laid.
Alli Dääg meecht eich e Bliemli winke,
Alli Dääg e Glääsli Rootwii trinke,
Alli Dääg viil Huuch un Haimetluft,
Alli Dääg e Schtriißli Danneduft,
Alli Dääg e haitri Morgesunne,
Alli Dääg e kiehle, hälle Brunne,
Alli Dääg e froh un haiter Gmiät,
Alli Dääg im Muul e Haimetlied,
Alli Dääg e Herz voll Sunneschii,
Alli Dääg nie uhni Liewi sii,
Alli Dääg viil Ärwet, froh und gsund,
Des winsch i eich zuer jeeder Schtund.
Un z'gueterletscht, wänn's de Herrgott will,
Dehaim e Grääwli, ruehig un schtill.

Meine Freunde

Gutach an der Schwarzwaldbahn

Mein Blümlein von der Heide

I han emool e Bliemli zupft
Am Bach, in Wald un Fäld.
E bääse Wind hät's bal verrupft,
Wie's goht halt uf de Wält.
Bliemli doo, Bliemli hii,
Soone Bliemli findsch nit glii.

I han's bim Huus in Gaarte gsetzt,
Säll Bliemli vun dr Haid,
Allbot mit Lieb und Daue gnetzt,
Jetz hani soo mii Fraid.
Bliemli doo, Bliemli hii,
Soone Bliemli findsch nit glii.

Es brucht halt zimmli Sunneschii,
Es isch'm selli z'gunne
Un mecht au nie ellainig sii,
Nit wit vum kiehle Brunne.
Bliemli doo, Bliemli hii,
Soone Bliemli findsch nit glii.

Wänn's Gott will, bliibt's no lang bi miir
Un macht mr no viil Fraid,
I saag noo viilmool Dank defiir,
Fir's Bliemli vun de Haid.
Bliemli doo, Bliemli hii,
Immer mecht i bii dr sii.

Meiner lieben Emma zu Weihnachten 1950

Meiner lieben Frau zum Geburtstag am 1. 1. 1957

Un wiider isch e Jährli z' End,
Kai Rueh hesch gunnd an diine Händ.
Hesch gschafft un ghuuset uhni Rascht,
Bisch frindlich gsii zue jeedm Gascht.
Un 's Hiisli schtoht au suuwer doo,
Vor Ärwet hesch kai Rueh meh khoo.
Hesch gmodlet, geflochte, i waiß es guet,
Un gmocht soo moncher Bollehuet
Fir d' Buurslit usem Guetachdaal,
Fir Volk un Land un iiweraall.
Drum därfsch duu nit vergässe sii,
De bisch de Haimet nitzlich gsii.
Drum winsch-i dr zuem Fäschtdaag hit
Fraid un Gsundhait alli Zit,
Un alles Lieb's sei dr noo b'schiide,
Härrgott, Haimet, Huus un Friede!

Frau Emma Falk-Breitenbach, Hausach, die einzige Trachtenhutmacherin der weltbekannten Gutacher Tracht, feierte ihren 60. Geburtstag.

»Vergeltsgott«

Fuchzg langi Jährli, Daag un Schtunde
Bini gwandret durch mii Haimet,
Doch de hidig Daag het gfunde,
Was i nie im Lääwe traimet.

Soo viil Winsch us alle Flanke,
Grueß un Ehr im fromme Sinn,
Hani gärnet, mecht räächt danke
Ganz us miinem Härze drinn.

D' Schtärn am Himmel solle bringe
Eich »Vergeltsgott«, liewi Lit,
Un i meecht no moole singe
Fir Haimet, Volk un alli Zit.

An meine Freunde und Gönner anläßlich meines 50. Geburtstages am 26. Februar 1953

Verlorenes Mutterlied

Mii Mueder het als gsunge,
Wooni no klai bin gsii.
Viil Wärdli waiß i nimmi,
Kum no ne Melodii.

Het's als am Oowe dunkelet,
No hani mi soo gfrait
Uf 's Liedli vun de Mueder,
Es isch mr nie verlaid.

O kennt i's numme finde,
Sälli Wiis un säller Sinn,
E dailmool hääris summe
No in de Ohre drinn.

Verklunge isch säll Liedli,
Verschtummd de Muedersang,
Verflooge Wiis un Wärtli,
Es isch schu lang, schu lang!

Zum Andenken an meine liebe Mutter

Vergessenes Grab

Abgfuult schtoht e helzi Kriz
Hinte bi de Gottsackermuure.
Boode-ewe isch säll Gräävli
Un kai Bliemli, zuem Beduure.

Gnai ums Kriz rum herti Derne
Wachse, wildi Roosezelge,
Heewes Krizli frei in Himmel,
Wiene grooße Kirchehelge.

Wurum liigsch ellai doo hinde?
Hesch kai Vader, Mueder meh?
Het mr di doo ganz vergesse?
Saag, wäär bisch? Duu duesch mr wäh!

An de Hecke rooti Beerli,
Iwers Gräävli um säll Kriz.
Soll des ebis bsunders haiße?
Rooti Tropfe, was bedit's?

Rooti Tropfe derd am Krizli,
An de Derne root wie Bluet,
Muesch duu no fir andri liide,
Wil es jetz no tropfe duet?

Meiner Großmutter V. St. zugedacht

An Ludwig Finckh

Usm diefschte Grund un Boode
Duetes hooch un hääjer schtiige.
Uhni Fliigl wie de Oode
Waaides wie durch faini Giige.

Unes ruuschet us de Filli
Allbot wiider nei geboore,
Alles numme us de Schtilli,
Wort un Sinn in sich verloore.

Bal schtiigt's hääjer, bal goht's niider,
Es gluuset wie verhuuchti Schmärze
Uf un niider immer wiider
Lut un Lied us Diinem Härze.

Langsam kiehltes Diini Wunde,
Wort und Wiis wurd Melodii.
Gottvertraimdi, frommi Schtunde,
Es hailt Dii Schmärz de Widerschii.

Zum Todestag von Heinrich Hansjakob

(22. 6. 1916)

Es isch nit jeeder Daag wie hit,
Er het sii Räächt uf Ahneguet
Ganz bsunders fir uns Wälderlit,
Es isch e Daag vun unsrem Bluet.

»Hansjakob, dii Name drait
Kraft un Schprooch mit Haimetsinn,
Un mancher findet Trooscht im Laid
In diine viile Biecher drinn.

Hansjakob, bisch Voogelsang,
Bisch Haimethuuch un Glockeklang,
Bisch Hirt un Mahner alli Zit,
Bisch »Hansjakob« fiir diini Lit!«

Am Grabe Hansjakobs

E Kirchli schtoht uf sällem Bärg,
Mr guggt derd dief ins Land,
Un iwer d' Bärg un iwers Daal
De Himmel blau sich driwer schpannt.

I hock mi uf die Schtaibank naa,
Nit wit vun de Kapelle,
Un usem Brunne ruuscht e Lied,
Zmool häär i doo verzelle:

Vun Wald un Fäld, vun Bärg und Daal,
Vun Buure, Birger, Wälderlit,
Vun Vegte, Knäächt un Firschte, Graafe,
Vun gueter un vun schläächter Zit.

I horch un horch, krieg nimmi gnue,
Doch langsam wurdes schtill,
I häär nu no e Amsle schlaage,
Jetz waiß i, was 'r saage will.

E Bliemli leeg i uf si Graab,
Bim letschte Sunneschii:
»Vergeltsgott fir die nädde Gschichtli«,
Sie sin voll Haimetliewi gsii.

Jetz schlooft 'r schu driisg langi Johr,
In Friide un in Rueh,
De Buuredichter Hansjakob,
En echte Schwarzwaldbue.

Volksschriftsteller Dr. H. Hansjakob (1837–1916)
Haslach im Kinzigtal

An Heinrich Hansjakob

Was ruuschet soo, derd 's Dääli rii,
Wie Haimetsang wit iwers Land?
Wäär isch derd Mahner, Ruefer gsii,
Kunnt usem Volk un Burgerschtand?

Wäär het ins Härz de Suume gsaaiht,
Daß Haimwäh gluust un wurd zuer Flamme,
Wänn duu vum Schturm in d' Wält nus gwaaiht?
»Des isch de Haimet grooße Namme!«

»Hansjakob! bisch user Wääse,
Ufrächt, graadus, kurz un guet,
Mr kaas in diine Schrifte lääse,
In ›Wilde Kriese‹ un ›Buurebluet‹.«

I siib di hit soo frei un grooß,
Wie duu fir d' Haimet gsunge,
In Lieb un Laid, e Dichterloos.
Uns dief ins Härz nii drunge.

Bisch diiner Läbdig gsii soo aige,
D' Wält däätsch hit nimmi känne,
Un wot i diir doo alles zaige,
I glaub, i mießt mi schämme.

Verwandlet isch mii Lied zuem Schrai,
Woo d' Wält doo duß so bruuschig isch,
Miir goht e Wäh durch Mark un Bai,
Bliib numme, woo de bisch.

Ein Schwarzwaldstrauß für Hansjakob

I han dr doo in schtille Schtunde
Us Madde, Wald un Rai,
E Schwarzwaldschtriißli zämmebunde,
Fir dich als Dichter ganz ellai.

E Schtruuß us Riis un Fingerhuet,
Waldmaischter, Farn un Mischtle
Un Balmebeere root wie Bluet,
Mit Gold- un Silwerdischtle.

Es isch e Schtruuß vum Haimetgländ,
I hane grupft vor Dau un Daage,
I gschpiir de Druck vun diine Händ
Un waiß, was de wit saage.

Bei der Hansjakob-Kapelle

Miislischtill isch's umi rum,
Numme d' Amsle schlaage,
De waisches joo, wurum i kumm,
I mecht viilmool »Vergeltsgott« saage.

Schloof wohl in diinem Liichetuech,
De bruchsch di nimmi sorge,
Bi uns schtohsch duu im Haimetbuech,
Soo frisch wie Dau am Morge.

Vorgetragen bei der »Hansjakob-Feier« am 28. Oktober 1951 im Kaufhaussaal Freiburg i. Br.

Der Brunnenstock im Kinzigtal

Hansjakob, dii Liederbuech
Isch Huuch vun frischem Danneriis,
Un wänni alti Zite suech,
Soo lääsi als dii Haimetwiis.

Us diine Lieder waaije Schtimme,
Wie's diinem Wääse aige isch,
Nit immer graad wie Maieimme,
Soo richtig »Hansjakobisch«.

Un doch ligt d' Lieb und d' Haimet drinn,
Soo räächt us diinem Härze gsait,
Wäär d' Haimet kennt, verschtoht de Sinn,
Woo duu in jeedi Zilde gschtrait.

Duu bisch de Haimet Brunneschtock,
Dii Lied hailt 's Härz un Haimwähwunde,
Un liedet hit dii Doodeglock',
Soo hesch uns alli zämmebunde.

Am 22. Juni 1956 zur Einweihung der Hansjakobstube im »Falken« in Freiburg vorgetragen.

Wunschträume und Gedanken

E.F.B. 77

Das Lied der Quelle

E kiehli Quell ruuscht usem Boode,
O kennt i heewe säller Gsang,
Wännes murmlet liis im Bächli
Un lischple duet im Wandergang.

Mit volle Händ mecht i soo gärn
Des alles schepfe in mi nii,
Als mießt sich ebis in mr wände,
Wurum au nit! Kennt's nit so sii?

Pegasus an der Tränke

Mitternoocht isch's, rueig un liis,
Nu' de Brunne singt sii Lied,
E Melodii, e bsundri Wiis,
Schu johrelang un wurd nit mied.

I hock mi uf säll Treegli naa –
De Vollmuu luegt mr liidig zue,
Als hätt'r doo sii G'falle draa,
Was i in dääre Zit dert due?

Wiener hinter d' Wolke goht –
Un jetz wiider fiiri schlupft,
's Brunnetreegli vor mr schtoht,
Wie mit puurem Gold verdupft.

Douset Schtärnli dief versunke,
Schpiegle sich im Treegli drinn.
Wie si glizgre, wie si funkle,
Derwiil i mi driiwer bsinn.

I han mi gfroogt, fir mich ellainig:
Wie kumme Muu und Schtärn doo nii?
I wur nit räächt mit mr doo ainig,
Es mueß doch ebis bsunders si –!

Mit hohle Händ schepf i im Treegli
Un will doo trinke usem Himmel –
»Joo, zeih mr's Gott – joo, isch's au meegli!?«
Suft doo mit mir e flige Schimmel!

Uhni Zaum un uhni Ziigel,
Wiß wie Kriide ischer gsii,
Mit zwai grooße Riisefliigel
Schwaif un Kammhoor, kann des sii!?

Vun wit häär kunnt e Glockeklang
Mit viil douset Engelschtimme,
Un's waait e fromme Himmelsang,
Un de Schimmel fangt aa schwinge.

»Nimm mi mit!« rief i am Schimmel,
»Zue de Milchschtrooß«, wäär des nät,
»Uf sälli grooßi Waid am Himmel,
Woo's soo viil Schtärnebliemli het«.

Er fliegt un fliegt un schtiigt in d' Hääji,
I gschpiir de Luft vum Fliigelschlaag,
Wit, wit nuf in Schtärnenääji.
I winsch mr au mool soo ne Daag.

Zmool vum Kirchturm schleecht e Glocke,
D' Luft het zittret durch Wald un Baum,
Ains het's geschlaage, i bin verschrocke,
Verflooge alles wiene Traum.

I han mii Mantel feschter bunde,
Khorcht un khorcht, wie's Wasser rinnt,
I han noch gwacht zwai gschlaagni Schtunde
Bim Schtärneschii, woo's Brinnili singt.

Hit no isch's mr wohl un wäh,
Hät i au soo grooßi Schwinge,
Wot i fliege wit in d' Hääji
Un eich no soo viil Lieder singe.

Der Ginsterbesen

Bim Bihlbuur schtoht im Kuehschtall drinn
E Pfriimebeese ellai im Eck.
I hane bschaut mool rum un num
Vun all Sidde volle Dräck.

»Jo, jo, doo luegsch, duu Moolersääl,
I kenn di no us näddre Daage,
Doo bini no im Waidbärg gschdande
Un han als gääli Bliemli draage.

Dert bini gwachse, schtumm un schtill,
Bi Schwarzwaldluft un Sunneschii,
De Hirtebue het Lieder gsunge
Un Gaise ghiedet no debii.

I waiß no guet, 's isch gsii im Mai,
Doo hesch uns gmooled uhni Daadel,
Mir hen e Fraid khaa un e Schtolz,
Als wääre mr vom hägschte Aadel.

Doch zmool, es denkt mr hit no wie,
's isch gsii soo geege Winter,
Kunnt de lang ›Sime‹ d' Halde ruf,
E alte Beesebinder.

Kurz vum Boode het'r aim gschnitte
Un noo in Boose bunde,
Un was vun uns no bliiwe isch –
E glaine Pfriimeschtumpe.

Die gääle Bliemli sin vergange
Durch eieri Kultuur,
Un i dien jetz schu wochelang
Als Beese bime Buur.

Im fiischtre Kuehschtall schtand i jetz,
Vor Johre no mit Gold verziert,
Un hit!? als gschtiilter Beese doo,
Mit Kuehmischt ganz verschmiert.

Soo goht's aim halt uf dääre Wält,
Wämer de Glanz verloore,
E jeeder butzt sii Dräck aim ab
Ganz gliich, ob mr als Härr oder Knäächt geboore –.«

Der Hirtenknabe

E Hirtebiewli hockt am Schwahl,
Luegt sine Kiäh un Gaise zue,
Hockt z'mitte in de Bliemli drinn –
I wäär soo gärn e Hirtebue!

Zwei Mücken

E Schpinnli ziegt de Faade uf,
Am Fänschterkriz bim Gätter.
Es het's gar iilig druf un druf,
Des goht wie 's Haidewätter.
Aimool ruf, noo wiider num,
Naheer raa, noo wiider rum,
Zwaimool hii un zwaimool heer.
Dreimool kriz un dreimool queer.
Gugg emool, wie's 's Fießli netzt
Un am Eck de Faade setzt,
Gschwind mit siire klaine Hand
Gliichlig alli Fäde schpannt.
Pinkli gnau, mr glaubt's schier nit,
Jeedes Määß im gliiche Schritt.
Un die Fääde, faine, dinne,
Was liigt doo fir e Kunschtwerk drinne.
Wie's jetz schpringt derd nii ins Eck!
Wases numme z' luege het?
Wie's duet luure un duet gugge,
»Pauftra!« hocke schu zwai Mucke;
Ains, zwai, drei, kunnt 's Schpinnli gschprunge
Un het si glii in d' Fääde gschpunne.
Soo isch's rächt. Wurum häner Schtritt,
Alles kunnt zue siire Zit.
Bi uns, doo isches gnau e soo,
Wie bi sälle Mucke.
Kainer gunnt am andre Guet's,
Mr dien enander drucke.
Schiind emool bi ainem d' Sunne,
Duet's de ander glii vergunne.
Loß si z'friide, loß si gange,
Es git halt guet un bääse Lit.

's Schicksal wurd si au mool fange,
Alles kunnt zue sinere Zit.
Duet di ainer plooge, drucke,
Denk an sälli baide Mucke.

Das Haus daheim

Soo mancher het in viile Schtunde,
Siner Läbdig gschafft un gschunde,
D' Johre ii und d' Johre us
Un mecht soo gärn e aige Huus.

E Hiisli une Gäärtli drum,
E Lindebaum mit Immegsumm,
E helzi Bänkli vor de Diir
Im Sunneschii, soo winschi's miir.

O wänni dänk, wie nädd des wäär
Un vorem Huus e Bluememeer,
E Treegli une kiehle Brunne
Un alles Liebs drumrum verschpunne.

E Haimethiisli mießt des sii,
Vun alle Sidde Sunneschii
Un wiß un roodi Roosebaim,
E Hiisli halt, woo's haißt »Dehaim!«

Der stille Weg

Es goht e Fueßwääg sunnig, schtill,
Soo lieb, wie's unser Härrgott will,
Dert schtehn verzetläd grooß un glai
Viil Bliemli ame griene Rai.

– – –

Si gugge haiter, ärnscht in d' Häh'
Un saage aim: »Dien uns nit wäh!«
Drum gang dii Wäägs un mach kai Laid,
Die Bliemli hen doch au ihr Fraid!

– – –

Es goht de Luft durch d' Nescht un Zwiig.
»O Wald, was singt dii Wundergiig?«
Es drait mi wiene Fluu zue diir,
O hätti nu' säll Lied in miir!

– – –

Sei miislischtill, es huucht de Huuch
Im Khaime durch e Ährefäld
Un verwaait sii »Ich« als Wiiderschii –
Was grooß isch, kann nu' Oode sii –.

– – –

In diire diefschde Diefi suech e Klang
Un bringe liis zuem volle Schwinge,
Noo wurd in diir au uhni Zwang
E jeede Daag im Lied usklinge.

Allerlei Gedanken

Saag, läär het säll Gräsli gsetzt
Un 's Bliemli derd im Sunneschii?
Wäär het's allbot mit Daue gnetzt,
Un wäär isch au si Gäärtner gsii?

Wäär sait am Kärnli: »Zit isch doo!«
Un waiß die viile Nämme?
Wäär kennt de Schpruch vun Afang heer
Un rieft si alli zämme?

Wäär zaigt am Voogel Zit un d' Schtrooß,
Wänner in d' Främdi goht?
Woo trait mr Zite naa, wie grooß
De Raum, waisch du e guete Root?

Saag, wäär het 's grooß Wältmeer gfillt,
Wo d' Wälle schlaage hii un heer?
Un jeedi Quell mit Wasser gschtillt,
Bal haiß, bal kalt, i froog di, wäär?

Saag, woo fangt de Himmel aa,
Woo d' Sunn un d' Schtärne wandre?
Wäär waiß de Wääg, woo nus, woo naa,
Vun ainem bis zuem andre?

Im Grenzeloose isch's dehaim,
Mr ahne blooß un wisse nint,
Un 's andr, säll sin alles Traim,
Vor ludder gugge simer blind.

Reifer Acker

Windverwoowe luegt ins blau
Himmelsgländ e Ähremeer,
Es goht de Luft durch's Hälmeschtrau
Un wooges liisli hiin un häär.

Wälle schlaage goldigi Flamme,
Es waait e Draum durch Fäld un Bann,
Äärd' un Himmel wachse zamme,
Verhuucht im volle Iiwerschwang.

Wooni gang un wooni schtand,
Doo goht de Huuch in alles ii,
D' Ähre druckt's am Ackerrand
Flimmrig untrem Sunneschii.

Alles isch e Iiwergang
Bis zuem letschte Schtundeschlaag.
Wäär grooß isch, drait si lääwelang
Si Bindel uhni Wääh un Klaag.

Der Wind

E ruuhe Wind waiht iwers Gländ
Un rißt vum Erlebaum
An ainem Zwiig zwai Blättli ab,
's goht um e bääse Traum.

Sällt ai devuu het's wit verwaaiht,
's isch gfalle in de Rhii,
Un 's ander säll het mieße bliiwe,
Als kennt's nit anderscht sii?

Es kunnt de Daag, si finde sich
Derd, woo mr Zit naa trait,
Zwai Blättli un de gliichlig Zwiig
Im Riich der Eewigkait.

Der Tautropfen

E Trepfli Daue funkelet
Bim hälle Morgeschii,
Un ooweds, wännes dunkelet,
Doo schiintes au no drii.

E ganzi Wält isch Flamme drinn
In Gschtalt un Widerschii,
Es isch soo klai im große Sinn,
Un nemmsch's in d' Händ, isch's hii.

Was ist groß und was ist klein?

D' Wält soo nädd im Morgeschii,
D' Bärge dief im Huuch versunke,
Im Morgedaue isches gsii,
An jeedem Zwiigli douset Funke.

Si funkele vum grooße Fiir,
Woo eewig gluuset, immer brennt,
Es gluust in diir un au in miir,
E Flamme isch's, woo kainer kennt.

D' Sunn, de Muu un 's Gchtirn am Himmel,
Alles gluuset häll un frei,
Au die klaine Dauetrepfli,
Was isch grooß un was isch klai?

Zwischen Vergangenheit und Zukunft

I luuschter z' Nacht zue jeeder Schtund,
Bi Daag, doo froog i 's Muul schier wund,
Im Härze klopft's als Schlaag uf Schlaag,
I find kai »jetz« bi Nacht un Daag.

Bini sällbander oder ellai,
Un wooni suech, schu isch's verbei,
Doch maini als, jetz hanis glii,
Un luegi gnaier naa, isch's gsii.

Woher, wohin die Zeit?

Die maischte Schtunde zehlt mr nit,
Woo sin si naa? – duu waisches nit.
De Lärm isch driiwer hii un häär,
Un niemed waiß, »woonaa, woohäär«.

E dailmool duet mr liisli luure
Un horcht, noo schlage alli Uhre,
Doo merksch zmool, wie die Zit vergoht,
Woo bliibt de Sinn? Isch's nit schu z'schpoht?!

Der erste und der letzte Schritt

Machsch du uf d' Wält de erschte Tritt
Im Reckli, Hääs oder Kindergwand,
So fiehrt di langsam Schritt fir Schritt
Die Mueder liebli an de Hand.

Si däppelt, mit 'r gohsch nie fähl,
Un zehlt geduldig »ains un zwai«
Un bringt diir klaini Kindersääl
Soo langsam 's Laufe bei.

Soo gohsch an diire Muederhänd,
Es fraid di jeeder klaini Druck,
De Aafang nemmt soo bal si End
Und dabsch ellainig furt.

De rennsch un schpringsch un waisch kai Halt,
In d' Wält nus, ine främdi Schtadt,
Bal machsch du langsam un bisch alt,
Kunnsch haim, bisch mied un matt.

Machsch du uf d' Wält de letschte Tritt,
Kai Mueder zehlt meh »ains un zwai«,
Un wiider langsam Schritt fir Schritt,
Wiene Kind, nu bisch ellai.

Suchen, fragen, zweifeln

Doowe ufem hägschte Gschaid
Lueg e Mänsch in alli Wind,
Am Moorge friei, am Oowe schpoht,
Ob'r e Lut, e Zaiche find –.

»Bini 's Änd vum grooße Sinn?
Bini 's Letscht, des was i bin?
Bini Heefe zuem vergähre?
Bini 's? Oder dueni 's wääre?«

Wald un Fäldwääg sin vertraimet.
D' Sunne goht, un 's fallt de Daue,
Doo un dert vum Erdhuuch gsaimet,
»O Gotteswält, oo loß di bschaue!«

I sehn di usse, i merk di inne,
In de Diefi, in de Hääji,
In de Haidri, im Verglimme,
Iiweraal isch diini Nääji.

»Bini dich oder bisch duu mich?
Isch mii Sinn vun Aafang glich?
Bini Mähl oder bini Schrood?
Was isch zwische Lääwe, Dood?«

Himmelblaui Bluemekepfli
Schtehn soo muedersäälellainig,
E jeedes drait e Wassertrepfli,
E ganzi Wält isch drinn verainigt.

Us de Quälle d' Wasser rinne,
Wältverträimdi, frommi Schtunde –
I due am Bächli mich versinne,
Wie sich d' Schtai doo drinne runde.

»Bini 's Gliid vum grooße Ring?
Duu un ich un alles Ding?
Wur i erscht oder bini gsii?
Bini Schadde oder Schii?«

Grooßi Wandlung »Boode, Sunne«,
Wänn si sich in Ains veraine,
Iiweraal sin Blueme gschpunne,
Wänn si usem Boode draime.

Es waait de Luft mit khaime Schwinge
Bis zuem letschte Fliigelschlaag,
Es falle d' Kernli, d' Sääme kiime,
Hit soo wie am erschte Daag.

»Isch mii Sinn am Wääse gliich?
I main halt numme, bin ich ›Ich‹?
Bini vun usse oder inne?
Isch mii ich vun Uurzit drinne?«

Luschdig, liis ruuscht 's Ziddergraas,
Wänn de Luft goht driiwer häär,
Numme 's arem Pflaschtergraas
Drait am Trepfli Daue schwäär.

Es fallt e Schtai in diefe Weier,
Wälle schleecht's in ainem furt,
Krais an Krais sich numme aine,
Wänner grooß un rueiger wurd.

»Isch Gaischt un Härz mii Zämmeklang?
Oder bini Iiwergang?
Bini Zaiche, Sinn un Wääse?
Wäär duet's mr didde oder lääse?«

Gottishand am Schtundeglaas,
Alles isch in sich e Schpiil,
Raum un Zit im gliiche Maaß,
Gott isch sich sälwer, Aafang, Ziil.

Besinnlichkeit

Gschpiirsch nit, wie inre rueige Schtund
Mit Aadacht, zwische Noocht un Daag,
E Sinne iiwer dich mool kunnt
Un alles bis ins Diefscht versunnt,
Noo goht dii Härz im bsundre Schlaag.

De luegsch e soo, wie d' Sunne goht
Un 's Gräässli mitm Wind sich frait,
De silbrig Muu am Himmel schtoht,
Un iiwerm Wald 's letscht Oowerroot,
Wänn alles volle Schtärne gsaait.

Es ruuschelet im Eschebaum,
E herbe Huuch schtiigt usm Boode,
Un Zit vergoht als wiene Traum,
Kai Änd, kai Gränz, no gschwiige Saum –
Kai liisli Wort, nu' Oode.

Es isch de Gott in Raum un Zit,
In Lut un Liecht un Schatte,
Er isch sii Rueh un 's liided de nit,
De suechsch, un findsche, woo de wit,
In Wald un Fäld un Madde.

Er isch de Schturm, isch Rääge, Wind,
Isch Schtilli, Lut und Schrai,
In diir, in miir, im glainschte Kind,
In jeedm Wässerli, woo rinnt,
Er isch sich sällwer ganz ellai.

Er isch de Saajer un isch Schnitt
In siire grooße Wunderwält,
Un wänner siini Zaiche git,
In siine Hände alles ligt,
Im glainschte Kiidli ufem Fäld.

E Blättli keid vum griene Dach
Un fallt zue miine Fieße.
Sii Zit isch rum, kai Wäh un Ach,
Es isch halt eewe nit sii Sach,
's isch gsii un het jetz falle mieße.

Un alles hänkt an ainem Ring,
I gschpiir, es wurd mr wohl un wäh,
Mir sin soo glai, soo selli gring,
In Gottishand ligt jeedes Ding –
»Duu bisch's, i han kai Zwiifel meh!«

Das Spiel Gottes

Mitem Gschtirn am Himmel doowe
Goht de eewig Liechtergang,
Alles duet de Härrgott loowe
Bis zuem hägschte Iiwerschwang.

Uhni Änd am fiischtre Booge
Iiwer Dääler, Bärg un Meer,
Duetes gluuse, fiirig wooge
Muu un Schtärne goldig schwäär.

Flimmrig goht de eewig Raige,
Es bliibt im Khaime Wääg un Ziil,
Uuzehlt's duet sich uns nie zaige
Gottishänd im Wälteschpiil.

Das unruhige Herz

E dailmool isch's in miinem Härz
Soo bruuschig wie au schtill un liis,
's Gmiet isch mr noo voll Fraid un Schmärz,
Waisch halt e soone bsundri Wiis.

Wälder hääri noo gern bruusche,
I mecht mit alle Veegel singe,
Mide klaare Quälle ruusche,
Dank un Loob am Härrgott bringe.

Oh, noo bini fraidig gsunne,
Daß mi die ganz Wält aalacht,
Iiwerall isch e Hälli gschpunne
Inde alle fiischtre Noocht.

Bini awer truurig gschtimmt,
Noo mechti dief im Boode wiehle,
Daß's miini Schmärze nimmt
Un duet miini Wunde kiehle.

Uurueigs Härz, i häär dii klopfe,
Fraid un Laid isch nii verbannt,
Bis verglugst de letscht Bluetstropfe
Un Friide findsch im Haimetland.

Ein gutes Gewissen

Halt di wohl un schwätz nit z' viil,
Mach kai Wääsis un kai Gschrai,
Was de suechsch un wit ergrinde,
Isch e Glauwe oder Finde,
Lauf dii Wääg's un gang ellai.

Hesch emool e Zwiifel in dr,
Waisch bal nimmi us no ii,
Was de suechsch, säl wursch au wisse,
's letscht vun allem isch 's aige Gwisse,
Froog säll, kaasch uhni Sorge sii!

Auf dem Gottesacker

Wänni doo lueg umenander,
Woo si rueje, grooß un glai,
Alli Grääwli ains wie's ander
Z'friide, muedersäälellai.

Numme d' Hälme, woo doo waaije
Zwischem Graas un Bluemeschpiil,
Kumme, blieje un dien saaije
Un frooge nit noch Wääg un Ziil –.

Doo un dert sin fuuli Brätter,
Miedi Krizli schtehn wie Gschtalte
Un draage Zaiche, die vum Wätter
Verwischti alti Nämme halte.

Un i nem e Handvoll Boode,
Luege aa in miine Händ – –
Doo sehn i zmool dief inre Muure
Acht Zilge ine Schtai nii gschtempt:

»De Wääg un Zit isch jeedem gmässe,
D' Dääg un d' Schtunde jeedem zehlt,
's Menschemaaß isch bal vergässe,
Will's nu' gilt uf dääre Wält.
Lueg doo häär, duu Äärdekrischt,
Was de hesch, isch numme Schii,
E Hand voll Boode wurd noo bliiwe –
Doch 's Bescht wurd e guet Gwisse sii –«

Verborgen

Waas im grooße Sinn vrboorge,
Zaigt uns Gott mit ainem Schlaag.
Viilicht schu hit, viilicht ärscht moorge,
Viilicht isch säll de letschte Daag.

Das Tal ohne Herberge

Siiner Läbdig het's aim driiwe
Durch e Dääli uhni Huus,
Un mr suecht un suecht, wurd gmääli,
Un zletscht bloost's aim 's Liechtli us.

Tage der Reife

De geschtrig Daag isch liis vergange
Wie de Schuum im grooße Diich,
Schtiller wurdes um aim numme,
Un alles schiind in allem gliich.

Duesch im Griiwle dich verschtiige
Zeewerscht zue de hegschte Booge,
Bal wursch duu in alte Daage
Numme glauwe –, nimmi frooge.

An Gott

I han di viil mool ploogt un gschunde
Graad wiene alte Bädelbue.
Bi Daag un z' Noocht, zue alle Schtunde
Hesch duu kai Rascht khaa un kai Rueh.

Un alles, wooni han dich g'frooged
Vum Lääwe, Dood, vun Lieb und Laid,
I han dich bädled, k'haischt un plooget,
Un d' Antwort hesch mr immer liis in d' Ohre gsait.

I han di gsuecht uf alle Wääg un Schtääge,
Bi Rääge, Sunne, bi Schturm un Wind,
I han in de Baim als k'horcht, bin uf de Boode glääge,
Als Maa, als Bue un schu als wunderfizig Kind.

Jetz gluust's un bränndes in mr drinne,
Waisch, 's wäär soo langsam an de Zit.
I mecht soo gärn, mi »ich« an dich vrdinge.
Härrgott, de Wääg zue diir isch schtainig, schwäär un wit.

Nachwort

Eugen Falk-Breitenbach wurde am 26. Februar 1903 in Offenburg geboren. Seine Eltern und Vorfahren stammen aus dem Hansjakob-Städtchen Haslach im Kinzigtal. Seit seinem achten Lebensjahr lebt Eugen Falk mit einigen Unterbrechungen in dem schönen Schwarzwaldstädtchen Hausach im Kinzigtal, von wo er heute als Schwarzwaldmaler mit Pinsel und Feder durch seine Heimat zieht.
Künstlerische Begabung äußert sich oft nach zwei Seiten: in der malerischen Fähigkeit und in der dichterischen Darstellung.
Eugen Falk ist nach beiden Seiten tätig. Seine guten Schwarzwaldlandschaften zeugen von seiner künstlerischen Darstellungsgabe im Zeichnen und Malen, und in den warm empfundenen Liedern zeigt sich sein dichterisches Können. Hier wie dort gibt ihm die Heimatliebe Wärme und Anregung zum Schaffen. Er ist tief verwurzelt mit den Wäldern und Wiesen des Schwarzwaldes. Nur wenig Dichter-Maler hat der nördliche Schwarzwald hervorgebracht, und um so mehr erfreuen die Werke von Eugen Falk. Sie sind auch ein geschichtliches Denkmal. Eugen Falks Gedichte sind ein lebendiges Zeugnis der Kinzigtäler Mundart, und so begrüßen wir diesen neuen Gedichtband (»Goldiges Land«) als ein Denkmal des heimatlichen Volkstums unserer Zeit und als ein warmes Bekenntnis der Heimatliebe eines bodenverwurzelten Schwarzwälders.

Professor Dr. Eugen Fehrle, Heidelberg

Nachwort

Eugen Falk-Breitenbach, der beliebte Kinzigtäler Maler und Dichter, in seiner Erscheinung ein zweiter Hansjakob, gibt uns in den Gedichten »Aus der Stille« Einblick in sein innerstes Denken und Fühlen. Wie seine Gemälde und tiefempfundenen Zeichnungen uns das Wesen und den wahren Kern der Schwarzwaldlandschaft offenbaren, so sind auch seine Gedichte innigster Ausdruck der Heimatliebe. In dem vor drei Jahren erschienenen, allseits mit Begeisterung aufgenommenen Bändchen »Goldiges Land« hatte der Maler Falk-Breitenbach die ganze Schönheit der Berge und Täler zwischen Farrenkopf und Brandenkopf eingefangen. In den Gedichten »Aus der Stille« tritt uns mehr der Denker und Grübler entgegen, auch hierin ein echter Schwarzwälder.

GOTT – HEIMAT – MENSCHENHERZ sind die Leitgedanken des neuen Gedichtbandes. Das Wirken Gottes, des Sämannes und Schnitters, erkennt der Dichter in Raum und Zeit, in Wald, Feld und Matten. Gott spricht aus dem Sturm, dem Regen, dem Wind, jedem Schrei und Laut, besonders »aus der Stille«. Jedes Ding auf dieser Welt liegt in Gottes Hand. Andachtsvoll fühlt man sein Walten in einer ruhigen Stunde beim letzten Schein des Abendrotes, wenn der Eschenbaum rauscht, ein herber Hauch aus dem Boden steigt, keine Grenze und kein Ende mehr sichtbar sind. Zu dieser Stunde, in der Gott seinen Segen gibt, soll man in Ehrfurcht barfuß auf dem Feldweg gehen. Wenn Mond und Sterne golden über den Tälern funkeln, der ewige Lichtergang vorüberzieht, in solch einem Augenblick spürt der Mensch Gottes Hände im großen Weltenspiel.

Der Dichter selbst nimmt seine Aufgabe nicht leicht und ringt um die Erkenntnis der höchsten und letzten Dinge. Wenn er im hohen Gras liegt, inmitten eines Meeres von Blumen und um ihn alles groß und stumm ist, denkt er an Gottes Übermaß. Oben auf dem höchsten Berg überblickt er die schöne Gotteswelt, empfindet die Nähe des Herrn und legt ihm zahlreiche Fragen vor. In der Einsamkeit und Stille tröstet ihn der Gedanke an den Allerhöchsten. Bei einem Spaziergang durch den heimatlichen Wald kommt er ins Grübeln. Schwer lasten die Gedanken auf seinem Gemüt, bis er erneut seine Berufung darin erblickt, seinen Landsleuten in Wort und Bild Gottes Lob zu singen und sie auf Schönheit und Wert der Heimat hinzuweisen. Um ein Mittler zu sein, hat der Dichter den Herrn oft mit Fragen geplagt. Er möchte sich ihm ganz hingeben, bekennt aber im Schlußgedicht, wie steinig, schwer und weit der Weg zum Herrgott ist.

»O Schwarzwald, o Heimat, wie bist du so schön!« Diese ins Herz gehenden Worte des durch den Gengenbacher Isemann vertonten Liedes von Auerbach können als Leitspruch für den zweiten Teil der Gedichte angesehen werden. Schon zu Eingang bittet der Dichter den Herrgott, nichts Böses über die Heimat kommen zu lassen und diesen Begriff für alle Zeiten in unsere Herzen einzubrennen. Man soll sich nicht von fremder Weise blenden lassen. Der an der Halde Träumende hört aus einem tausendstimmigen, überirdischen Gesang, der von dem Rauschen dunkler Tannen begleitet ist, den Ruf: »Laßt den Heimatfunken nie verglimmen!« Dieselbe Aufforderung klingt ihm aus dem Brunnentrog am Büchereck entgegen. Der Schwarzwälder in der Fremde sehnt sich nach dem heimischen Boden und möchte zu Hause nicht vergessen sein. Seine Muttersprache, die sich im Herzen und aus frommem Gemüt bildet, sprudelt wie ein Quell aus tiefem Grund.

Gerne gedenkt der Dichter der Vorkämpfer des Heimatgedankens. In erster Reihe steht da Heinrich Hansjakob (1837–1916), der große Sohn der Stadt Haslach. In den meisten seiner 72 Bücher erweist sich dieser wahre Volksschriftsteller als treuer Hüter und Bewahrer des Schwarzwälder Volkstums. Der Dichter nennt ihn »der Heimat Brunnenstock«, dessen Worte einen Hauch von frischem Tannenreis ausströmen und alle Heimwehwunden heilen. Der volkstümliche Pfarrherr mit dem breiten Schlapphut, wie ihn der Markgräfler Maler Adolf Glattacker gezeichnet hat, möge alle bösen Geister aus dem Lande treiben, stets als Hirt und Mahner für die Heimat eintreten. Ebenso ist dem Arzt und Erzähler Ludwig Finckh (geb. 1876), dem Rosendoktor von Gaienhofen, ein Gedicht gewidmet. Auch Frau Emma Falk-Breitenbach, die getreue Lebensgefährtin unseres Dichters und einzige Herstellerin der weltbekannten Gutacher Bollenhüte, ist »de Haimet nitzlich gsii«.

Naturverbunden lauscht Falk-Breitenbach, was ihm das Wölklein am blauen Himmel, das Röslein am Hag, die Wettertannen, Bach und Quelle erzählen, und wie der Buchfink will er sich hoch hinaufschwingen, uns das Lied seiner Heimat zu singen. Auf dem Dichterroß wird er zu der Himmelswiese fliegen, Sternenblümlein pflücken und uns den frommen Himmelssang verkünden. Im Frühling möchte er alles, was er auf der Wiese und am Rain findet, zusammenfassen zu einer großen Melodie: Blümlein, Mücklein, Schmetterlinge, Immen, Hauch und Sonnenschein. Wie würde das dem Herrgott gefallen, wenn dieser im großen Sternensaal auf der Himmelsorgel dann das Liedlein aus dem Kinzigtal spielen könnte. Das Geheimnis des wachsenden Samenkorns ergreift uns, wenn der Atem des Schöpfers hauchfein über das goldene Ährenfeld geht und eine stille Glut darüber hinweht. Welcher Friede geht von dem alten Bildstock im Breitenbachtal aus, in dem ein Vogelpaar sein Nest baute. Der Tauber und der Fink begrüßen den dichtenden Wanderer. Unter einer Tanne, bei Vogelsang und Blümlein, auf grünem Reisig will er einst den ewigen Schlaf tun. Jungen Menschen gibt der Dichter goldene Lebensregeln mit auf den Weg. Im Zweifel sollen sie ihr Gewissen fragen. Das Leben bringt manchen Wechsel; der reife Mensch trägt sein Schicksal ohne Klage. Wer Liebe schenkt, bedarf seinerseits auch der Wärme, eines guten Wortes zur rechten Zeit. Wichtig ist, im Herzen einen Klang zum vollen

Schwingen zu bringen, dann wird jeder Lebenstag einen frohen Ausgang nehmen.
Volksliedern gleichen die Liebeserklärungen an das Schwarzwaldmädchen und das Hochzeitsliedchen. Die Gemütlichkeit eines eigenen Heimes wird besungen. Sicher denkt der Dichter an sein idyllisches Hausacher »Mooler-Hiisli«. Wie bescheiden und doch auch glücklich haust daneben der alte Knecht in seiner einfachen Kammer.
Von Glanz und Elend des Daseins finden wir ein treffliches Gleichnis in dem Geschick des Ginsterbesens. Auf dem Gottesacker wird uns die Lehre: Das Leben ist nur Schein. Den besten Rückhalt gibt ein gutes Gewissen. Das vom Schneesturm umbrauste Kreuz läßt uns die Leiden Christi erst recht empfinden. Andächtig sitzt der Wanderer oben auf dem Berg vor dem Kirchlein und nimmt den Hut ab, während unten im Tal ein Glöcklein läutet.
Die Gedichte sind in der Mundart des mittleren Kinzigtals abgefaßt, auch lautgetreu aufgezeichnet und insofern ein lebendiges Zeugnis des hier gebräuchlichen mittelalemannischen Dialektes. Die vier Städtebilder sollen kundtun, daß Eugen Falk-Breitenbach, der am 26. 2. 1903 in Offenburg geboren ist und seit der frühen Jugend fast ununterbrochen in Hausach lebt, im Namen der Kinzigtäler Bevölkerung spricht.
Möge gerade die heranwachsende Jugend der aus jeder Zeile aufklingenden Mahnung des Dichters begeistert Folge leisten:
MIT GOTT – FÜR DIE HEIMAT!

Oskar Kilian

Worterklärungen

A	
aa	an
Aade	Urgroßvater
äärne	ernten
ai	eine
aige	eigen, sonderbar
Aigli	Augen
aim	einem
ainzächt	einzeln
allbot	oft, alle Augenblicke
ame	an einem
andem	beinahe
Ärwet	Arbeit
au	auch
B	
bääs	bös
bädde	beten
bebberle	plappern
bedit's	bedeutet es
bi	bei
Biecher	Bücher
Biini	Speicher
biire	bei einer
Biiri	Bäuerin
Biirli	Bäuerlein
Bihlbuur	Bauer auf dem Bühl
bim	bei dem
bime	bei einem
bini	bin ich
bisch	bist du
blieije	blühen
bliiwe	bleiben
bloost	bläst
Bluescht	Blüten
Boose	Bündel
Bosch	Gebüsch, Hecke
Bräăsli	Brotkrümchen
brässiere	eilen
brecklet	(es) bröckelt

briere	empfindlich (tief)berühren
bruchsch	(du) brauchtst
brudle	brummen
Bruschttuech	Weste
bruusche	brausen, aufbrausen
bruuschig	rauschend
bsundri	besondere
Butz	Verputz
Buurde	Bürde
Buurehiisli	Bauernhäusle
Buurslit	Bauersleute

D

Dääli	Tälchen
däär, dääre	dieser, diese
däätsch	(du) tätest
dailmool	manchmal
Dänn	Einfahrt
Daue	Tau
Dau un Daage, vor	vor Tagesgrauen
de	du; der, den
derd	dort
Derne	Dornen
di	dich
Dichele	Holzröhre
didde	deuten, zeigen
Diefi	Tiefe
dien	(wir, ihr, sie) tun
dii	dein, deinen
diini	deine
Diich	Teich
Dolde	oberster Teil eines Tannenbäumchens
Dolder	oberster Teil einer großen Tanne
doo	da, hier
Doodebaum	Sarg
doose	tosen, vor sich hinträumen
doowe	droben
Doowel	Bergmulde, Schlucht
doused	tausend
dr	dir
draa	daran
draisch	trägst
drait	trägt
drii	darein

Duelde	Mulde
duen	tue
dunde	drunten
duß, dus	draußen
duuschtere	düster werden

E

e	ein
eb	bevor
ebis	etwas
eewerscht	oberste
eieri	eure
ellai	allein
emool	einmal

F

fääge	kehren, umherstreichen
fiirzindroot	feuerrot
fiischter	finster
fir	für
Firtuech	Schürze
flääze	schwemmen, anschwemmen
flig	geflügelt
Fluu	Flaum
friei	frühe
Funkelschtai	Edelstein

G

gäälläächt	gelblich
gärnet	geerntet
geischt	's heimliches Geräusch
Giig	Geige
git	gibt
glieit	glüht
gliichlig	der-, die-, dasselbe
gluckse	aufstoßen, sprudeln (Wasser)
gluuschtered	gelauscht
gluuse	glimmen, leuchten
gmääli	gemächlich
gmocht	gemacht
gnai	sehr nahe
gnaier	noch näher
goht degeege	(es) geht der Fastnacht entgegen
gräächt	größte

griewig	ruhig
Grischt	Gerüst
gsaait	gesät
gsait	gesagt
gschtrait	gestreut
Gschtiid	Gesträuch
gsii	gewesen
guetig	rasch
gunne	gönnen
Guu	Geschmack
guuge	schaukeln
gwaaiht	geweht

H

Hääji	Höhe
häär	her
hääri	höre ich
Hääs	Kleid, Hose
Häh	Höhe
hählinge	heimlich
haidert uf	(es) wird helle
haimeszuei	der Heimat zu
haische	fordern
Hälmeschtrau	Halmstroh
Hampfle	Handvoll
hampflewiis	handvollweise
han; hani	ich habe; habe ich
hän	sie haben
Hange	Abhang
Härnli	Hörnle
Heesleheck	Haselstrauch
Helge	Heiligenbild
hesch	hast du
het	er hat
hit	heute
Hodle	Wiege
Hoosig	Hochzeit
Hoosigschtriiß	Hochzeitssträuße
Huuch	Hauch
Huurte	Zaun
huust	(er) haust

I

i	ich
ii	ein, hinein

iilig	eilig
Iis	Eis
Imme, Immli	Biene
innezig	inwendig
iiwer	über

K

kaa	kann
kai	kein
känne	können
kännt	gekannt
Kärnli	Kernlein
keid; keisch	er fällt; du fällst
khaa, khoo	gehabt
khaim	geheim
khäre	gehören
Kiäh, Kiäi	Kühe
kiälläächt	etwas kühl
kiehllächt	kühl
Kiidli	Körnchen
kiime	keimen
Kirchehelge	Heiligenbild in der Kirche
knai	nahe
kneit, kneiwet	kniet, hinknien
Kooderli	Kohlmeise
Krembe	Klammer
Kriese	Kirschen
Kritli	Kräutlein
Kriz	Kreuz
kunnt	(er) kommt
Kutter	Täuberich

L

lääg	langsam ansteigend
Läbdig	Lebtag
lide	läuten
lien	läßt
liide	leiden
liis	leise
lind	beschaulich, still
Lit	Leute
lite	läuten
Loocheschtai	Grenzstein
Loogel	Fäßchen (für Fische, Most, Wein)

ludder	lauter
luege	schauen
Lut	Laut
luure	lauern
luuschtere	lauschen

M

Määß	Maß
Madde	Wiesen
Madenkeli	Schlüsselblumen
mehner	mehr
mi	mich
mied	müd
mieße	müssen
mii	mein
miir	wir
miire	meiner
miislischtill	mäuschenstill
mitre	mit ihr
mool	mal
mr	man
Muu	Mond
Muurerschpiis	Mörtel
Muuschii	Mondschein

N

naa	hin, hinab
näädig	notwendig
Nääji	Nähe
Namme	Name
Näscht	Äste
ne	ihnen
niemer	niemand
nii	hinein
niini	neun Uhr
nimmi	nicht mehr
nint	nichts
nit	nicht
no	noch
nomool	noch einmal
noo	dann
nooch, nooi	nach
nu	nur
nuf	hinauf

numme	nur
nus	hinaus

O

obi, owi	ob ich
Oode	Atem
Oowewind	Abendwind

P

Pärli	Perlen
Pfrieme	Ginster
Prächt	Prechtal

R

raa	herab
Rährli	kleines Rohr
Rai	Rain
rault	(er) miaut (Kater)
Ridi	Reutfeld
rief	(ich) rufe
rii	herein
Riife	gefrorener Tau, Reif
Riis	Tannenreisig
riise, riist	Baumstämme ins Tal hinabgleiten lassen
Rolli	Kater
rueig	ruhig
ruf	herauf
rum	herum
rum un num	hin und her
rus	heraus
ruuschelt	rauscht

S

saaije	säen
Saaijer	Sämann
Sääme	die keimende Frucht, Samen
säär	wund
sähne	sehen
sait	sagt
säll	jenes
säller	jener
sällbander	zu zweit
sälwer	selber
Schämme	holzgeschnitzte Maske

schämme	schämen
Schapbe	Schapbach
Schäppelhirsche	Polterabend
Schärwe	Scherben
Schii	Schein
schiind	(sie) scheint
Schlaipfi	Holzschleife
schleecht	schlägt
schloosewiß	weiß wie Hagelkörner
Schoobe	Jacke
Schoof	Schafe
Schoowe	kurze Trachtenjacke
Schpättlihääs	Narrenkleid
schpruule	sprudeln
Schtai	Stein
schtand	stehe
Schtapfleschtai	Stufe einer Steintreppe
Schtärneschii	Sternenschein
schtrait	(er) streut
Schtrau	Stroh
Schtriißli	kleiner Strauß
Schtritt	Streit
schu	schon
schuudrig	schauerlich
Schuum	Schaum
Schwaal	Wegrain
schwäär	schwer
Schwahl	kleiner Hang an der Straße
selli	sehr
si	sie (weibl.)
sii	sein
siib	(ich) sehe
siini	seine
siire	seiner
Sime	Simon
simer	sind wir
simmerig	sommerlich
soolai	solcherlei
sot	soll
Summerveegili	Schmetterling
sunsch	sonst
Suume	Saatkörner
suuwer	sauber

T

Traim	Traum
traimig	verträumt
traimisch	träumerisch
traisch	(du) trägst
Treegli	Brunnentrog
Trepfli	Tröpfchen
triiwe	treiben

U

uf	auf
uhni	ohne
umi	um mich
usem	aus dem
usse	außen
usträtte	ausgetreten
uurig	urwüchsig
uus	aus

V

verdingen	verpflichten
vergluust	verglühen
verhuucht	verhaucht
verschaich	verscheuchen
verwaiht, verwaait	verweht
verzelle	erzählen
virnehm	vornehm
vu	von
vum	vom
vun	von

W

Wääg	Weg
waaije	wehen
wäär	wer? (ich) wäre
Wäärdig	Werktag
Wääsis	Aufhebens machen, sich bemerkbar machen
waisch	(du) weißt
waißt	(er) weiß
wälke	welken
wälle	wollen
wämer	wenn man
wäni	wenn ich
wänner	wenn ihr

Wanewääwer	Turmfalke
Wehri	Wehr
wieder	als
wiene	wie ein
wiener	wie er
Wiiderschii	Widerschein
Wiide(stock)	Weidenbaum
Wiih	Weihe
Wiihnäächte	Weihnachten
wiles	weil es
wit	weit; (du) willst
wot i	wollte ich
wooni	wo ich
wunderfitzig	neugierig
wur	werde
wuri	werde ich
wursch	wirst du
wurum	warum

Z

zämme	zusammen
Zech	an der Tafel der Brautleute als geladener Gast
ziägt	zieht
zidig	zeitig, reif
Ziischtig	Dienstag
Zilge	Zeile
zimberlig	empfindlich, klein
Zinzli	Zeisig
Zit	Zeit
zletscht	zuletzt
zmool	zumal, auf einmal
zue	zu
zuem	zu ihm